मैं ठीक हो गया हूँ: पूरी तरह ठीक होने और दिव्य स्वास्थ्य के लिए 50 घोषणाएँ:

पूर्ण बहाली के लिए 21-दिवसीय भक्ति

द्वारा

ज़ाकारियास गॉडसीगल ; राजदूत मंडे ओ. ओगबे ;
कम्फर्ट लाडी ओगबे

Table of Contents

कॉपीराइट पृष्ठ

प्रकाशित:
ज़ाकारियास गॉडसीगल और गॉड्स ईगल मिनिस्ट्रीज़ (GEM)
www.otakada.org

जब तक कुछ और न बताया गया हो, पवित्र शास्त्र के कोट पवित्र बाइबिल से हैं। बाइबिल के सभी रेफरेंस फेयर-यूज़ गाइडलाइन के तहत सिखाने, पढ़ाई करने और आध्यात्मिक विकास में बदलाव लाने के लिए इस्तेमाल किए जाते हैं।

यह किताब सिखाने, सोचने और आध्यात्मिक मतलब निकालने का काम है। इसमें इस्तेमाल की गई असल ज़िंदगी की कहानियों में मिले-

जुले किरदार या प्राइवेसी बनाए रखने के लिए बदले हुए डिटेल्स हो सकते हैं, साथ ही सच्चाई और असर भी बना रहेगा।

कवर डिज़ाइन: "गॉड्स ईगल क्रिएटिव टीम"]

संयुक्त राज्य अमेरिका में मुद्रित

समर्पण

यह भक्ति प्रेमपूर्वक उन सभी लोगों को समर्पित है जो उपचार के लिए विश्वास में खड़े हैं -
जो स्वास्थ्य लाभ, बहाली, नवीकरण और ईश्वर के अलौकिक स्पर्श में विश्वास करते हैं।

उन थके हुए लोगों के लिए जो हार नहीं मानते...
उन मज़बूत लोगों के लिए जो दूसरों के लिए बीच-बचाव करते रहते हैं... उन टूटे दिल वालों के लिए जो चुपचाप रोते हैं... उन योद्धाओं के लिए जो अपनी आत्मा, मन या शरीर में छिपी लड़ाइयाँ लड़ रहे हैं...
ये घोषणाएँ आपके शरीर के लिए जीवन और आपकी हड्डियों के लिए ताकत बनें।

मैं यह काम हर उस विश्वासी को समर्पित करता हूँ जो यह समझता है कि हीलिंग सिर्फ़ एक घटना नहीं है, बल्कि एक सफ़र है—उस महान डॉक्टर के साथ रोज़ की सैर जो सब कुछ ठीक करता है, नया करता है और नया बनाता है।

और आखिर में, यह किताब पवित्र आत्मा को समर्पित है,
जिसकी प्यार भरी फुसफुसाहट ने इन पन्नों में मौजूद हर धर्मग्रंथ, हर घोषणा, हर प्रार्थना और हर वादे को प्रेरित किया है।

भगवान की महिमा हो,
उस हीलिंग के लिए जो शुरू हो गई है, उस हीलिंग के लिए जो सामने आ रही है, और उस हीलिंग के लिए जो बनी रहेगी।

— ज़ाकारियास गॉडसीगल , राजदूत मंडे ओ. ओगबे , कम्फर्ट लाडी ओगबे

स्वीकृतियाँ

मैं दिल से **पवित्र आत्मा का शुक्रिया अदा** करता हूँ, जो ईश्वर को प्रेरणा देने वाले हैं, जिन्होंने हर घोषणा और चुने हुए हर पवित्र ग्रंथ में जान डाल दी। उनकी आवाज़, उनकी अगुवाई, और परमेश्वर के लोगों की चिकित्सा और बहाली के लिए उनके बोझ ने शुरू से आखिर तक इस भक्ति के कंटेंट को आकार दिया।

मैं उन वफ़ादार बिचौलियों, भाइयों और अलग-अलग देशों के पार्टनर्स का दिल से शुक्रिया अदा करता हूँ जो रोज़ प्रार्थना में मेहनत करते हैं। आपका विश्वास, गवाही और भगवान की मौजूदगी के लिए आपका अटूट जुनून इस ठीक करने वाले काम के लिए लगातार हिम्मत और पक्का करने वाला रहा है।

GEMs ऑनलाइन कम्युनिटी का खास धन्यवाद—WhatsApp, ईमेल, Facebook, LinkedIn, YouTube, और हमारी मिनिस्ट्री वेबसाइट्स पर—जो लगातार प्रार्थना के अनुरोध, गवाही और बोझ भेजते हैं। आप ही वजह हैं कि यह भक्ति मौजूद है।
आपका विश्वास स्वर्ग को हिला देता है, और आपकी हिम्मत यीशु मसीह की बचाने वाली शक्ति के गवाह के तौर पर चमकती है।

मैं हर मिनिस्टर, दोस्त और परिवार के सदस्य का भी शुक्रिया अदा करता हूँ जिन्होंने इस काम को आगे बढ़ाने में मदद की। आपकी दुआओं, फ़ीडबैक और प्यार ने मेरे हाथ मज़बूत किए हैं।

आखिर में, सारी पहचान **रोशनी के पिता को लौटती है** , जिनसे हर अच्छा और सही तोहफ़ा मिलता है।

उम्मीद है कि यह भक्ति बहुत से लोगों को ठीक होने, पूरी तरह ठीक होने और प्रभु के साथ और गहराई से चलने में मदद करेगी।

मैं ठीक हो गया हूँ: पूरी तरह ठीक होने और दिव्य स्वास्थ्य के लिए 50 घोषणाएँ:

पूर्ण बहाली के लिए 21-दिवसीय भक्ति

क्या आप पूरी तरह से ठीक होने के लिए तैयार हैं - आत्मा, प्राण और शरीर?

I AM HEALED एक ज़िंदगी बदलने वाला 21 दिन का भक्ति कार्यक्रम है, जो **50 भविष्यवाणियों, 100 पूरे इलाज के शास्त्रों और रोज़ाना की दमदार प्रार्थनाओं पर बना है** । यह आपके पूरे शरीर को उस सुपरनैचुरल सेहत के साथ फिर से जोड़ने के लिए बनाया गया है जो भगवान ने आपके लिए चाही थी।
चाहे आप किसी शारीरिक बीमारी, इमोशनल घावों, मानसिक थकान, आध्यात्मिक दबाव, या लंबे समय से चली आ रही पीढ़ियों के पैटर्न से जूझ रहे हों, यह भक्ति आपको **दिव्य शक्ति, स्पष्टता, शांति और संपूर्णता की एक नई स्थिति में कदम दर कदम ले जाती है** ।
पवित्र शास्त्र में दिए गए रोज़ाना के आदेशों से, हर पेज उस हीलिंग वाचा को एक्टिवेट करता है जिसे मसीह ने आपके लिए पक्का किया है। आप अपने शरीर पर जीवन, अपनी आत्मा पर बहाली, और अपनी किस्मत के हर कमज़ोर या मरते हुए हिस्से पर फिर से जी उठने की शक्ति बोलेंगे। यह भक्ति सिर्फ़ पढ़ी नहीं जाती—इसमें *शामिल हुआ जाता है*, *बताया जाता है*, और *अनुभव किया जाता है*।
अंदर आपको मिलेगा:

50 शक्तिशाली दैनिक उपचार घोषणाएँ

हर एक को फर्स्ट-पर्सन प्रोफेटिकल अथॉरिटी में बनाया गया है ताकि आप अपने माहौल को कंट्रोल कर सकें, अपनी हेल्थ को स्वर्ग के साथ अलाइन कर सकें, और बीमारी के साइकिल को तोड़ सकें।

100 पूर्ण NKJV शास्त्र

हर घोषणा बाइबल की दो पूरी आयतों पर आधारित है, जिन्हें *"यह लिखा है..." से शुरू किया गया है* ताकि परमेश्वर के हमेशा रहने वाले वचन में आपका विश्वास पक्का हो सके।

एक दैनिक उपचार प्रार्थना

आपने जो कहा है, उसके लिए प्रार्थना करें और हर दिन को आत्मा से मिली पुष्टि के साथ सील करें।

थीम में शामिल हैं:

- आध्यात्मिक उपचार और मुक्ति
- भावनात्मक बहाली और आत्मा का नवीनीकरण
- शारीरिक जीवन शक्ति, शक्ति और पुनर्जन्म
- तंत्रिका तंत्र और मानसिक स्वास्थ्य
- हृदय, रक्त, प्रतिरक्षा प्रणाली और अंगों का उपचार
- पुरानी और पीढ़ीगत बीमारी से मुक्ति
- दिव्य शांति, ऊर्जा, नींद और दीर्घायु
- भगवान की परफेक्ट हेल्थ प्लान के साथ पूरी तरह से तालमेल बिठाना

यह भक्ति क्यों काम करती है:

परमेश्वर का वचन जीवित है, सक्रिय है, और जो कुछ भी टूटा हुआ है उसे फिर से बना सकता है, ठीक कर सकता है, और नया कर सकता है। जब आप धर्मग्रंथ का उच्चारण करते हैं—बिना सोचे-समझे नहीं, बल्कि जानबूझकर, रोज़ाना दोहराते हुए—तो आपका पूरा अस्तित्व परमेश्वर की आवाज़ के दिव्य आदेश पर प्रतिक्रिया करना शुरू कर देता है।

ये रोज़ाना की बातें **हेल्थ के हर पहलू को टारगेट करती हैं** , जिससे 360° हीलिंग एक्सपीरियंस मिलता है। चाहे आप इसे 21 दिन, 50 दिन, या पूरे साल लगातार पढ़ें, इसके नतीजे जमा होने वाले और बदलने वाले होते हैं।

यह भक्ति आपके लिए है अगर:

- आप अपने शरीर में उपचार चाहते हैं
- आप इमोशनली या मेंटली थका हुआ महसूस करते हैं
- आपको आध्यात्मिक रीसेट की ज़रूरत है
- आप लंबे समय से बीमारी से जूझ रहे हैं
- आप अपना विश्वास मजबूत करना चाहते हैं
- आप हमेशा दिव्य स्वास्थ्य में चलना चाहते हैं
- आप किसी ऐसे व्यक्ति के लिए मध्यस्थता कर रहे हैं जिसे आप प्यार करते हैं
- आप परमेश्वर के वचन को ज़्यादा अधिकार के साथ सुनना, बोलना और मानना चाहते हैं

यह पुस्तक प्रोत्साहन से कहीं अधिक है - यह एक **आध्यात्मिक उपकरण** , एक **उपचार साधन** और एक **विश्वास सक्रियण पुस्तिका है** ।

जब आप इन घोषणाओं को पढ़ेंगे, तो उम्मीद करें:

- नवीनीकृत शक्ति
- अलौकिक पुनर्प्राप्ति
- भावनात्मक संतुलन
- मानसिक स्पष्टता
- भय से मुक्ति
- भौतिक बहाली
- नई जीवन शक्ति और ऊर्जा
- उद्देश्य की पुनर्जीवित भावना
- परमेश्वर की चंगाई देने वाली उपस्थिति से मुलाकात

I AM HEALED, मसीह के वादे के मुताबिक भरपूर ज़िंदगी के लिए आपका रोडमैप है।

इसे रोज़ बोलें। इस पर गहराई से विश्वास करें। इसे पूरी तरह से अनुभव करें।

बैक कवर ब्लर्ब

आप ठीक हो सकते हैं — और ठीक रह सकते हैं।
पूरी तरह ठीक होने का आपका सफ़र यहीं से शुरू होता है।

इस शक्तिशाली 21-दिवसीय भक्ति में, राजदूत मंडे ओ. ओगबे , ज़ाकारियास गॉडसीगल और कम्फर्ट लाडी ओगबे आपको 50 भविष्यवाणी, 100 हीलिंग शास्त्रों और विश्वास से भरी प्रार्थनाओं के ज़रिए गाइड करते हैं, जो आपके जीवन के हर हिस्से में भगवान की हीलिंग शक्ति को जगाने के लिए बनाई गई हैं।

चाहे आप शारीरिक बीमारी, इमोशनल घाव, मानसिक थकान, या आध्यात्मिक लड़ाइयों का सामना कर रहे हों, ये रोज़ के नियम आपको नई ताकत, स्पष्टता, शांति और दिव्य ऊर्जा के साथ उठने में मदद करेंगे।

इसे बताएं। इस पर विश्वास करें। इसे जिएं।
आपकी हीलिंग पहले ही शुरू हो चुकी है।

प्रस्तावना

हर मानने वाले की ज़िंदगी में ऐसे पल आते हैं जब भगवान एक दिव्य न्योता देते हैं — उठने, ठीक होने, ठीक होने और उनकी ठीक करने की शक्ति का पूरा अनुभव करने का न्योता। यह भक्ति गीत ऐसा ही एक न्योता है।

सालों से, हमने देशों, सरकारों, समुदायों और मसीह के ग्लोबल शरीर के लिए प्रार्थना की है। लेकिन इस समय, पवित्र आत्मा ने हमें साफ़ तौर पर अंदर की ओर मुड़ने का निर्देश दिया — ताकि हम परमेश्वर के लोगों के निजी जीवन में ठीक होने का काम कर सकें। उस निर्देश से यह 21-दिन का सफ़र शुरू हुआ:

पूरी तरह ठीक होने और दिव्य स्वास्थ्य के लिए 50 घोषणाएँ।

यह भक्ति कोई थ्योरी नहीं है। यह एक आध्यात्मिक टूल है। एक हथियार। बदलाव के लिए एक मैनुअल। इंसानियत के लिए भगवान के असली इरादे — **पूरी तरह से जीने की एक यात्रा।**

हर घोषणा परमेश्वर के हमेशा रहने वाले वचन पर आधारित है, जो आपकी आत्मा को फिर से जोड़ने, आपके मन को नया करने, आपकी भावनाओं को कंट्रोल करने और आपके शरीर को ठीक करने के लिए बनाई गई है। यहाँ पवित्र शास्त्र को सिर्फ़ कोट नहीं किया गया है — इसे उस जीवन-शक्ति के तौर पर इस्तेमाल किया गया है जो विश्वास करने वाले को अंदर से बाहर तक नया बनाती है।

अगर आप 21 दिनों तक इस भक्ति को करते हैं, और विश्वास के साथ अपने जीवन में इन सच्चाइयों को बोलते हैं, तो आप अनुभव करना शुरू कर देंगे:

- आपके आध्यात्मिक माहौल में बदलाव
- आपकी भावनाओं में नयापन
- आपके शारीरिक शरीर को मज़बूत बनाना
- आशा और आंतरिक शांति की बहाली
- ईश्वर की उपचारात्मक उपस्थिति की गहरी जागरूकता

हीलिंग सिर्फ़ एक इवेंट नहीं है — यह एक सफ़र है।
और इन घोषणाओं के साथ, आप पूरी तरह ठीक होने के मौसम में कदम रखने वाले हैं।

जब आप इस 21-दिन के बदलाव की शुरुआत कर रहे हैं, तो कृपा करने वाले भगवान आपको मज़बूत करें।
इन पन्नों में जो बातें बताई गई हैं, उनसे आपका विश्वास और बढ़ेगा। जल्दी ही सब ठीक हो जाएगा। आपकी गवाही कई लोगों को प्रेरणा देगी।

शालोम,

मास्टर

प्रस्तावना

*मैं ठीक हो गया हूँ: पूरी तरह ठीक होने और दिव्य स्वास्थ्य के लिए 50 घोषणाएँ***

ठीक होने का सफ़र सिर्फ़ शारीरिक नहीं है—यह बहुत ज़्यादा आध्यात्मिक, भावनात्मक और बदलाव लाने वाला है। स्ट्रेस, बीमारी, ट्रॉमा, निराशा और लगातार दबाव से भरी दुनिया में, कई मानने वाले खुद को अपने विश्वास की घोषणाओं के नीचे चुपचाप लड़ाई लड़ते हुए पाते हैं। फिर भी, भगवान, जो दया से भरपूर हैं, अपने बच्चों को पूरी तरह से एक गहरे दायरे में बुलाते रहते हैं— **एक ऐसा दायरा जहाँ उनका वचन जीवन, रोशनी, दवा और पूरे अस्तित्व के लिए ठीक होने जैसा बन जाता है।**

दो दशक से ज़्यादा की सेवा में , मैंने एक सीधी सी सच्चाई देखी है:

शरीर आत्मा की आवाज़ पर रिस्पॉन्ड करता है, और आत्मा परमेश्वर के वचन पर रिस्पॉन्ड करती है।

जब धर्मग्रंथ को सिर्फ़ पढ़ा ही नहीं जाता बल्कि *बताया जाता है* , उस पर *विश्वास किया जाता है* , और *उसे लागू किया जाता है* , तो वह शक्ति छोड़ता है—वही फिर से ज़िंदा करने की शक्ति जिसने यीशु को मरे हुओं में से ज़िंदा किया और हर विश्वासी में रहती है।

यह भक्ति एक दिव्य प्रेरणा और गहरे विश्वास से पैदा हुई थी:

कि परमेश्वर चाहता है कि उसके बच्चे 360° **हीलिंग का अनुभव करें**

—

आत्मा में हीलिंग, आत्मा में शांति, शरीर में स्फूर्ति, और उद्देश्य में शक्ति।

21 दिनों और 50 घोषणाओं के दौरान, आप इनसे जुड़ेंगे:

- **"यह लिखा है..." के ज़रिए पूरी पवित्र किताब ज़ोर से बोली गई** — यही तरीका यीशु ने दुश्मन को हराने के लिए इस्तेमाल किया था
- **भविष्यसूचक आदेश** जो आध्यात्मिक अधिकार को सक्रिय करते हैं
- परमेश्वर के वचन की सच्चाई से लिए गए **रोज़ाना ठीक होने के वादे**
- **उन सच्चाइयों को नया रूप देना** जो सोच को नया आकार देती हैं, भावनाओं को नया रूप देती हैं, और उम्मीद जगाती हैं
- **एक आखिरी प्रार्थना** जो हर दिन को विश्वास और उम्मीद से भर देती है

यह भक्ति जल्दबाज़ी में करने के लिए नहीं है। यह एक सफ़र है, एक रीसेट है, एक आध्यात्मिक डुबकी है। रोज़ाना ज़ोर से बातें दोहराएँ। अपनी आत्मा को लगाएँ। पूरे यकीन के साथ बोलें। परमेश्वर के वचन को अपने होठों से अपने खून, अपनी कोशिकाओं, अपने विचारों, अपने अंगों, अपनी भावनाओं और अपनी किस्मत तक पहुँचने दें।

चाहे आप भगवान पर इसलिए विश्वास कर रहे हों:

- शारीरिक उपचार
- भावनात्मक बहाली
- मानसिक स्पष्टता
- आध्यात्मिक नवीनीकरण
- या आगे की यात्रा के लिए दिव्य शक्ति

—यह पुस्तक एक मार्गदर्शक साथी और आध्यात्मिक नुस्खे के रूप में काम करेगी।

मेरी प्रार्थना है कि जैसे-जैसे आप इन घोषणाओं से गुज़रेंगे, आप भगवान की ठीक करने वाली मौजूदगी को एक साफ़, बिना किसी शक के तरीके से महसूस करेंगे। हर धर्मग्रंथ ज़िंदा हो जाए। हर प्रार्थना का

जवाब मिले। हर घोषणा ज़ाहिर हो। और आप क्राइस्ट के ज़रिए आपके लिए खरीदी गई दिव्य सेहत की पूरी तरह से तरक्की करें। **आप ठीक हो गए हैं। आप पूरे हो गए हैं। आप ठीक हो गए हैं। मन, आत्मा और शरीर में।**

शालोम,

एम्बेसडर मंडे ओ. ओगबे

गॉड्स ईगल मिनिस्ट्रीज़ (GEMs)

राष्ट्रों में ईश्वर के वचन का बीजारोपण — बिना दीवारों, सीमाओं या संप्रदायों के चर्च

परिचय

"मैं ठीक हो गया हूँ: पूर्ण स्वास्थ्य लाभ और दिव्य स्वास्थ्य के लिए 50 घोषणाएँ"

हर विश्वासी की यात्रा में एक ऐसा पल आता है जब दिल एक आसान लेकिन गहरा सवाल फुसफुसाने लगता है: **"क्या मेरी सेहत, मेरी ताकत, मेरी रोज़मर्रा की ज़िंदगी बस इतनी ही है?"** कई लोगों के लिए, इसका जवाब सालों की खामोश लड़ाइयों से बना है — बीमारी जो बनी रहती है, दर्द जो मकसद में रुकावट डालता है, इमोशनल ज़ख्म जो भरने का नाम नहीं लेते, और रूहानी थकान जो कॉन्फिडेंस को खत्म कर देती है। लेकिन धर्मग्रंथ एक अलग कहानी बताता है। वचन एक ऊँची सच्चाई, एक बड़ी विरासत, और एक ज़्यादा ताकतवर सच बताता है: **ठीक होना आपका है।**

हीलिंग कोई एब्स्ट्रैक्ट थियोलॉजिकल कॉन्सेप्ट नहीं है, न ही यह कुछ खास लोगों के लिए रिज़र्व कोई प्रिविलेज है। हीलिंग एक कवनेंट है, एक वादा है जो जीसस क्राइस्ट के शरीर और खून में सील है। जेनेसिस से लेकर रेवेलेशन तक, भगवान खुद को **हीलर के रूप में दिखाते हैं** — वह जो ठीक करता है, रिन्यू करता है, रिवाइव करता है, और पूरा बनाता है। फिर भी आज बहुत से विश्वासी इस ईश्वरीय प्रोविज़न की पूरी तरह से कमी महसूस करते हैं, इसलिए नहीं कि हीलिंग कम हो गई है, बल्कि इसलिए कि **विश्वास को बढ़ावा देना चाहिए, सच बोलना चाहिए, और आत्मा को नेचुरल दुनिया की लिमिटेशन से ऊपर उठने के लिए ट्रेन करना चाहिए।**

यह भक्ति गीत ठीक इसी उद्देश्य के लिए बनाया गया था।

"आई एम हील्ड" सिर्फ़ घोषणाओं की किताब से कहीं ज़्यादा है — यह भगवान की हीलिंग लाइफ़ में डूबने का 21 दिन का सफ़र है। 50

ध्यान से बनाए गए घोषणाओं के दौरान, जो 100 से ज़्यादा हीलिंग शास्त्रों से भरे हुए हैं, आपको इस बात की गहरी समझ मिलेगी कि भगवान आपकी हेल्थ को कैसे देखते हैं, स्वर्ग आपकी संपूर्णता को कैसे तय करता है, और कैसे आपके शब्द, शास्त्रों के साथ मिलकर, बदलाव का ज़रिया बनते हैं।

हर घोषणा जान-बूझकर फर्स्ट पर्सन में लिखी गई है — सिर्फ़ जानकारी के तौर पर नहीं, बल्कि **एक्टिवेशन के तौर पर। जब आप रोज़ ये शब्द बोलते हैं, तो आप पॉज़िटिव** सोच में नहीं लगे होते ; आप **आध्यात्मिक नियम बना रहे होते हैं** । आप अपनी ज़िंदगी पर भगवान के फ़ैसले से सहमत हो रहे होते हैं। आप बीमारी के अधिकार को तोड़ रहे होते हैं, पुराने चक्रों को जड़ से उखाड़ रहे होते हैं, अपने शरीर को एक लाइन में आने का हुक्म दे रहे होते हैं, और पवित्र आत्मा को अंदर से बाहर तक अपने अंदर नई जान डालने दे रहे होते हैं।

यह भक्ति **360-डिग्री हीलिंग को सपोर्ट करने के लिए भी बनाई गई है** — ऐसी हीलिंग जिसमें **आत्मा, रूह और शरीर शामिल हैं** । आपको ऐसे बयान मिलेंगे जो इमोशनल घावों का सामना करते हैं, मन में क्लैरिटी लाते हैं, दिल को स्थिर करते हैं, शारीरिक ताकत को नया करते हैं, और स्पिरिचुअल आग को फिर से जगाते हैं। यह हर एंगल से, आपके हर हिस्से के लिए हीलिंग है।

सफ़र में जल्दबाज़ी न करें। हर बात को अपने अंदर गहराई से बसने दें। धर्मग्रंथों को ज़ोर से बोलने दें। अपनी आवाज़ में स्वर्ग से मिला अधिकार महसूस करें। और भगवान की मौजूदगी को ऐसे तरीकों से महसूस होने दें जैसा आपने पहले कभी महसूस नहीं किया।

जब आप यह भक्ति शुरू करें, तो बदलाव की उम्मीद करें। ताकत की उम्मीद करें। साफ़-सफ़ाई की उम्मीद करें। नएपन की उम्मीद करें। चमत्कार की उम्मीद करें। उम्मीद करें कि भगवान की शक्ति आपके जीवन के उन हिस्सों को छुएगी जो बहुत लंबे समय से सुप्त या टूटे हुए हैं।

आप एक नए मौसम में कदम रख रहे हैं — एक पूरी तरह से ठीक होने का मौसम।
ठीक होने का मौसम। एक ऐसा मौसम जहाँ आपकी गवाही इस पक्केपन के साथ गूंजेगी: "मैं ठीक हो गया हूँ।"

इस भक्ति का उपयोग कैसे करें

व्यक्तियों और छोटे समूहों के लिए एक व्यावहारिक मार्गदर्शिका

यह भक्ति विश्वासियों को **परमेश्वर के वचन में अनुशासन के साथ डूबकर 360° हीलिंग—आत्मा, रूह और शरीर— की ओर ले जाने के लिए बनाई गई है** । यह **पाँच सेक्शन में बनी है** , हर सेक्शन में 10 **घोषणाएँ हैं** , यानी कुल 50 **घोषणाएँ** । हर घोषणा में **पूरे धर्मग्रंथ के हिस्से** और एक **भविष्यवाणी का आदेश शामिल है** जो आपके पूरे अस्तित्व को परमेश्वर के हीलिंग और पूर्णता के वादे के साथ जोड़ता है।

इस भक्ति का पूरा असर और आध्यात्मिक सफलता पाने के लिए , इसे **सोच-समझकर, लगातार और उम्मीद** के साथ इस्तेमाल करना चाहिए ।

सभी 50 घोषणाएँ रोज़ क्यों पूरी की जानी चाहिए

हर दिन की हीलिंग जर्नी को एक **पूरे साइकिल के तौर पर डिज़ाइन किया गया है** , जो आपको आगे बढ़ाता है:

1. **आध्यात्मिक अलाइनमेंट** →
2. **इमोशनल रिस्टोरेशन** →
3. **मानसिक स्पष्टता** →
4. **शारीरिक उपचार** →

5. **पूर्ण सीलिंग और स्वतंत्रता**

10 डिक्लेरेशन का हर सेट हीलिंग के एक खास डायमेंशन पर फोकस करता है, और पूरी तरह से ठीक होने के लिए **सभी पांच डायमेंशन को एक साथ काम करना चाहिए ।**
एक सेक्शन छूटने से साइकिल टूट जाती है।
एक ही दिन में सभी 50 काम पूरे करना, **पूरी आध्यात्मिक डोज़ लेने जैसा है** , जो आपके माहौल, सोच, भावनाओं और शरीर को उस सच्चाई से भर देता है जो ठीक करती है।

21 दिन के लिए क्यों?

यह भक्ति 21 **दिनों तक रोज़ दोहराई जाती है** क्योंकि:

1. 21 दिन सफलता के पूरे आध्यात्मिक चक्र को दिखाते हैं
दानिय्येल ने 21 दिन तक प्रार्थना की, जब तक कि उसे जवाब नहीं मिल गया (दानिय्येल 10:13)।

2. साइंस ने कन्फर्म किया है कि आदतें और अंदरूनी पैटर्न 21 दिनों के आसपास बदल जाते हैं
21वें दिन तक, मन, भावनाएं और यहां तक कि शरीर की केमिस्ट्री भी बदलने लगती है।

3. दोहराव सच को सबकॉन्शियस और स्पिरिट मैन में उकेर देता है
आप केवल पढ़ नहीं रहे हैं - आप परमेश्वर के वचन के साथ **अपनी आत्मा, प्राण और शरीर को पुनः प्रोग्रामिंग कर रहे हैं।**

4. **ठीक होने के लिए अक्सर लगातार कोशिश करने की ज़रूरत होती है, कभी-कभार एक्टिवेशन की नहीं**
रोज़ाना दोहराने से आध्यात्मिक गति बनती है और आपका अंदर का माहौल भगवान की ठीक करने की शक्ति के लिए खुला रहता है।

इस भक्ति गीत में 50 नंबर क्यों ज़रूरी है

जानबूझकर बाइबिल के कारणों से **हर दिन 50 घोषणाएँ** बोलेंगे ।
50 = जुबली = स्वतंत्रता, आजादी, रिहाई, पुनर्स्थापना
इसमें लिखा है:

लैव्यव्यवस्था 25:10 (NKJV)
"और तुम पचासवें साल को पवित्र मानना, और पूरे देश में उसके सभी रहने वालों के लिए आज़ादी का ऐलान करना।
यह तुम्हारे लिए जुबली होगा; और तुम में से हर कोई अपनी ज़मीन पर लौटेगा, और तुम में से हर कोई अपने परिवार में लौटेगा।"

अर्थ:
संख्या **50** परमेश्वर की भविष्यवाणी संख्या है:

- **उपचारात्मक**
- **मरम्मत**
- **मूल दिव्य डिज़ाइन की ओर लौटना**
- **बंधन से मुक्ति**
- **जो खो गया था उसकी वसूली**

- **एक नई शुरुआत**

जब आप 50 **हीलिंग डिक्लेरेशन बोलते हैं** , तो आप **हर दिन अपने जीवन पर भविष्यवाणी के तौर पर जुबली मना रहे होते हैं** ।
यही कारण है कि प्रभु ने 50 घोषणाओं का ढांचा बनाने का निर्देश दिया - 30 नहीं, 40 नहीं, 100 नहीं।

इस भक्ति का व्यक्तिगत रूप से उपयोग कैसे करें

1. एक शांत जगह चुनें।
जहाँ आपकी आत्मा बिना किसी रुकावट के ध्यान लगा सके।

2. पूजा या शांति के एक पल से शुरुआत करें।
पवित्र आत्मा को वचन पर सांस लेने के लिए बुलाएँ।

3. इफिसियों 6:10-19 से सुपरनैचुरल हीलिंग पर नीचे दिए गए 10 बुनियादी सच पढ़ें, ताकि लड़ाई के लिए नींव बन सके।

4. हर पवित्र शास्त्र को ज़ोर से पढ़ें।
बोले गए वचन से हीलिंग होती है (भजन 107:20)।

5. हर हुक्म को पूरे अधिकार के साथ बताओ।
जीवन और मृत्यु की ताकत ज़बान में होती है (नीतिवचन 18:21)।

6. अपना समय लें—जल्दबाज़ी न करें।
हर बात को अपने मन में बसने दें।

7. अगले सेक्शन पर जाने से पहले थोड़ा ध्यान करें।

8. रोज़ाना सभी 50 डिक्लेरेशन पूरे करें।
इससे पूरा हीलिंग साइकिल एक्टिवेट हो जाता है।

9. समापन प्रार्थना के साथ समाप्त करें।

10. इस पूरी प्रक्रिया को 21 दिनों तक हर दिन दोहराएं।
आपकी आत्मा, मन और शरीर ईश्वरीय सत्य के साथ फिर से तालमेल बिठाना शुरू कर देंगे।

छोटे ग्रुप में इस भक्ति पाठ का इस्तेमाल कैसे करें

यह भक्ति गीत तब भी शक्तिशाली होता है जब इसका इस्तेमाल इन चीज़ों में किया जाता है:

- प्रार्थना समूह
- गृह फैलोशिप
- उपचार मंत्रालय
- बाइबल अध्ययन मंडलियाँ
- जोड़े और पारिवारिक समारोह
- मध्यस्थ दल

छोटे ग्रुप का तरीका (सुझाया गया):

1. छोटी पूजा या प्रार्थना के साथ शुरू करें।

एकता और दिव्य माहौल को बुलाएँ।

2. हर व्यक्ति को पढ़ने के लिए एक धर्मग्रंथ दें।

इससे भागीदारी और जुड़ाव बढ़ता है।

3. इफिसियों 6:10-19 से सुपरनैचुरल हीलिंग पर नीचे दिए गए 10 बुनियादी सच पढ़ें , ताकि युद्ध के लिए नींव रखी जा सके।

4. एक साथ ज़ोर से आदेश घोषित करें।

कॉर्पोरेट घोषणा से शक्ति बढ़ती है।

5. हर 10 बार बोलने के बाद 30-60 सेकंड का मौन रखें।

वचन को हर किसी की आत्मा में बसने दें।

6. अगर कहा जाए तो छोटी गवाही या राय दें।

7. सभी 50 डिक्लेरेशन एक साथ एक ही बार में पूरे करें।

उन्हें कई दिनों में न बांटें।

8. एक स्वर में आखिरी प्रार्थना के साथ खत्म करें।

9. लगातार 21 दिनों तक दोहराएं।

यह बनाता है:

- उपचारात्मक वातावरण
- एकता
- परिवर्तन
- कॉर्पोरेट सफलता
- भावनात्मक समर्थन
- उपहारों का सक्रियण
- जीवन बदलने वाली गवाही

अंतिम निर्देश

चाहे अकेले हों या ग्रुप में...

रोज़ाना सभी 50 घोषणाएँ पूरी करें
इसे 21 दिनों तक करें
आज़ादी, ठीक होने और सफलता की उम्मीद करें
याद रखें: 50 जुबली के लिए भगवान का नंबर है—आपकी आज़ादी

सुपरनैचुरल हीलिंग के लिए 10 बुनियादी सच

(पवित्र आत्मा ने इफिसियों 6:10–18 को कैसे चंगा करने के ब्लूप्रिंट के तौर पर खोला)

परिचय: पवित्र आत्मा ने पवित्र शास्त्र को कैसे खोला

सुबह-सुबह, जब मैं भगवान से ठीक होने के बारे में पूछ रहा था, तो मैंने एक सच्चा सवाल पूछा:
"पवित्र आत्मा, ऐसा क्यों है कि जब हम बीमारों के लिए प्रार्थना करते हैं, तो कुछ लोग तुरंत ठीक हो जाते हैं, जबकि कुछ नहीं?"
पिछले दिन ही हमने गंभीर हालत में तीन लोगों के लिए बीच-बचाव किया था:
ऑस्ट्रेलिया में एक — दिल से जुड़ी इमरजेंसी के लिए पहले ही थिएटर में भर्ती हो गया था। जैसे ही प्रार्थना हुई, भगवान ने मेडिकल टाइमलाइन में रुकावट डाली। सर्जरी कैंसिल कर दी गई; इलाज हो गया।
यूरोप में एक और मरीज़ है - उसकी हालत भी गंभीर है, लेकिन उसका इलाज एक प्रोसेस से हुआ, तुरंत नहीं।
तीसरे में तुरंत कोई सुधार नहीं हुआ।
यह पैटर्न पहले भी कई बार दोहराया गया था। कभी-कभी ठीक होना तुरंत होता है, कभी धीरे-धीरे होता है, और कभी-कभी देर से लगता है।

मैंने फिर पूछा:
"पवित्र आत्मा, क्यों?"
उसने कहा:
"इफिसियों 6 पर जाएं।"
मैंने मन ही मन विरोध किया:
"लेकिन प्रभु… इफिसियों 6 आध्यात्मिक युद्ध के बारे में है… उपचार के बारे में नहीं।"
उसने जवाब दिया:
"उपचार एक युद्ध है।"
जब मैंने उनकी बात मानी और पैसेज खोला, तो उन्होंने भगवान के कवच में छिपे गहरे हीलिंग प्रिंसिपल्स को सामने लाना शुरू कर दिया। इसके बाद मैंने जो देखा वह दस बुनियादी सच थे — विश्वासियों के लिए सुपरनैचुरल हीलिंग पाने, बनाए रखने और उसमें चलने के लिए ज़रूरी पिलर।
पवित्र आत्मा के एक्सप्लेनेशन ने आगे जो लिखा है, उसकी नींव रखी।

बुनियादी सच्चाई 1 — प्रभु में मज़बूत बनो, खुद में नहीं

(इफिसियों 6:10)
"अन्त में, हे मेरे भाइयो, प्रभु में और उसकी शक्ति में बलवन्त बनो।"
ज़्यादातर लोगों को ठीक होने में मुश्किल होती है क्योंकि वे अपनी ताकत से बीमारी से लड़ने की कोशिश करते हैं:

"मैं इसे खुद संभाल सकता हूँ।"
"भगवान के पास जाने से पहले मैं सब कुछ आज़मा लूँगा।" "पहले मुझे इसे संभालने दो।"
जैसे कोई बच्चा जोर देकर कहता है, "मैं यह खुद कर सकता हूं।"
लेकिन बीमारी, कमज़ोरी और ज़ुल्म आध्यात्मिक दबाव हैं, और इंसानी ताकत आध्यात्मिक ताकतों को हरा नहीं सकती।

सहायक शास्त्र

"न तो बल से, न शक्ति से, परन्तु मेरे आत्मा से।" (जकर्याह 4:6)
"मेरा अनुग्रह तुम्हारे लिये काफ़ी है, क्योंकि मेरी शक्ति कमज़ोरी में सिद्ध होती है।" (2 कुरिन्थियों 12:9)

आधारभूत सत्य

ठीक होना तब शुरू होता है जब आप अपनी काबिलियत पर निर्भर रहना बंद कर देते हैं और भगवान की ताकत पर भरोसा करना शुरू कर देते हैं।
आपकी आत्मा वह नहीं उठा सकती जिसे उठाने के लिए अकेले भगवान को बनाया गया था।

बुनियादी सच 2 — पूरे कवच पहन लोः हीलिंग ही युद्ध है

(इफिसियों 6:11)
“परमेश्वर के सारे हथियार बाँध लो, कि तुम शैतान की युक्तियों का सामना कर सको।”
कई विश्वासी बीमारी को इस तरह मानते हैं:
एक प्राकृतिक असुविधा,
जीवन का एक यादृच्छिक हिस्सा, या कुछ ऐसा जिसका उपयोग परमेश्वर “सबक सिखाने” के लिए करता है।
वे भूल जाते हैं कि बीमारी पतन (जेनेसिस 3) से आई थी, और यीशु ने अपनी मिनिस्ट्री में इसके असर को खत्म किया।

सहायक शास्त्र

“…उसने उन सबको ठीक किया।” (मैथ्यू 12:15)
“…यीशु मसीह… जो भलाई करते और शैतान के सताए हुए सब लोगों को ठीक करते फिरे।” (प्रेरितों 10:38) “…टूटे दिलों को ठीक करने, आज़ादी का ऐलान करने… नज़र वापस लाने… सताए हुए लोगों को आज़ाद करने…” (लूका 4:18–19)
हीलिंग पैसिव नहीं है।
यह जगह के लिए लड़ाई है - आपके शरीर के लिए।

बुनियादी सच 3 — असली दुश्मन को पहचानें: शैतान, भगवान नहीं

(इफिसियों 6:12)
"क्योंकि हम मांस और ख़ून से नहीं लड़ते..."
बहुत से लोग दोष देते हैं:
ईश्वर
स्वयंअन्यपरिस्थितियाँ
लेकिन धर्मग्रंथ में साफ़ लिखा है:
शैतान ही बीमारी, ज़ुल्म, तबाही और गुलामी का कारण है।

सहायक शास्त्र

"चोर चोरी करने, मारने और नष्ट करने आता है।" (यूहन्ना 10:10) "जिसे शैतान ने बांधा है..." (लूका 13:16) "परमेश्वर ने यीशु को अभिषेक किया... शैतान द्वारा सताए गए सभी लोगों को ठीक करने के लिए।" (प्रेरितों 10:38)

आधारभूत वास्तविकता

आप उस चीज़ का विरोध नहीं कर सकते जिसे आप मानते हैं कि भगवान आपको "कुछ सिखाने" के लिए इस्तेमाल कर रहे हैं। अगर आपको लगता है कि बीमारी भगवान की तरफ़ से है, तो आप उससे कभी नहीं लड़ेंगे।

बुनियादी सच 4 — सच: इलाज का पहला हथियार

(इफिसियों 6:14a)
"इसलिए सत्य से अपनी कमर बाँधकर खड़े रहो..."
पवित्र आत्मा ने बताया:
"लोग बीमार रहते हैं क्योंकि वे झूठ पर विश्वास करते हैं।"
झूठ जैसे:
"शायद यह बीमारी सज़ा है।"
"शायद भगवान चाहते हैं कि मैं तकलीफ़ झेलूँ।" "शायद इलाज मेरे लिए नहीं है।"

सत्य और उपचार पर शास्त्र

"और तुम सच को जानोगे, और सच तुम्हें आज़ाद करेगा।" (यूहन्ना 8:32)
"ज़रूर उसने हमारे दुख सहे और हमारे दुख उठाए..." (यशायाह 53:4–5) "उसके कोड़े खाने से हम ठीक हुए हैं।" (1 पतरस 2:24)

सत्य को धारण करना

बीमारी पतन से आई, चंगाई क्रूस से आई, यीशु ने पूरा मूल्य चुकाया, आप चंगाई के लिए नहीं लड़ रहे हैं - आप जीत को लागू कर रहे हैं यह सच्चाई ही वह नींव है जिस पर हीलिंग टिकी है।

बुनियादी सच्चाई ५ — नेकी का कवच: गुनाह और बुराई को दूर करें

(इफिसियों 6:14ब)
गिल्ट, ठीक होने से रोकने के लिए शैतान के सबसे ताकतवर हथियारों में से एक है।
लोग सोचते हैं:
"यह सब मैंने खुद किया है।"
"यह मेरे पिछले पापों की वजह से है।" "यह एक पारिवारिक श्राप है जिसके मैं हकदार हूँ।"
लेकिन हमारी धार्मिकता अर्जित नहीं की जाती है - यह दी जाती है।

शास्त्रों

"उसने उसे... हमारे लिए पाप ठहराया... ताकि हम परमेश्वर की धार्मिकता बन सकें।" (2 कुरिन्थियों 5:21)
"मसीह ने हमें श्राप से छुड़ाया..." (गलातियों 3:13) "अगर हम अपने पापों को मान लें... तो वह हमें शुद्ध करता है..." (1 यूहन्ना 1:9) "वे मेमने के खून से उस पर जीत गए..." (प्रकाशितवाक्य 12:11)

सच

अपराध बोध ठीक होने में रुकावट डालता है।
नेकी इसके लिए रास्ता खोलती है।

बुनियादी सच्चाई 6 — शांति का सुसमाचार आपके स्वास्थ्य की रक्षा करता है

(इफिसियों 6:15)
"अपने पांवों में शांति के सुसमाचार की तैयारी के जूते पहनकर।"
सुसमाचार केवल आत्माओं को बचाने के लिए नहीं है - यह जीवन को संरक्षित करने के लिए है।

शास्त्रों

"पहले राज्य की खोज करो… और ये सब चीज़ें भी मिल जाएँगी…" (मैथ्यू 6:33)
"तेरे नियम से प्रेम करने वालों को बड़ी शांति मिलती है।" (भजन संहिता 119:165)
जब आप परमेश्वर के काम पर चलते हैं:
शांति आपकी ढाल बन जाती है,
तनाव अपनी पकड़ खो देता है, बीमारी को कोई आराम की जगह नहीं मिलती, आपका जीवन एक गवाह बन जाता है, भगवान आपकी भलाई की ज़िम्मेदारी लेते हैं
दुनियावी चीज़ों के पीछे भागने वाले लोग दुनियावी तनाव पाते हैं।
लेकिन
जो लोग राज्य के पीछे भागते हैं, उन्हें अलौकिक स्वास्थ्य मिलता है।

बुनियादी सच्चाई 7 — विश्वास की ढाल: प्रार्थना करने से पहले नतीजा देखें

(इफिसियों 6:16)
"सबसे बढ़कर, विश्वास की ढाल लेकर..."
विश्वास का मतलब इच्छा करना, उम्मीद करना या पॉजिटिव सोचना नहीं है।
विश्वास का मतलब है शुरू करने से पहले अंत देखना।

अगर आप बीमारी से प्रार्थना करते हैं, तो आप बीमार रहते हैं।
अगर आप जीत से प्रार्थना करते हैं, तो ठीक होना होता है।

शास्त्रों

"विश्वास ही सार है..." (इब्रानियों 11:1)
"हम विश्वास से चलते हैं, न कि देखकर।" (2 कुरिन्थियों 5:7)
आपको यह देखना होगा:
खुद को ठीक किया
खुद को बहाल किया खुद को मुक्त किया
आपकी कल्पना ही आपका विश्वास का टेम्पलेट बन जाती है।

बुनियादी सच 8 — मुक्ति का हेलमेट: आपकी पहचान आपकी हीलिंग को सुरक्षित करती है

(इफिसियों 6:17)
अगर आपको पक्का नहीं है तो आपको इलाज नहीं मिल सकता:
क्या तुम बचाए गए हो,
क्या परमेश्वर तुमसे प्रेम करता है, क्या तुम्हें स्वीकार किया गया है,
क्या परमेश्वर तुमसे प्रसन्न है

शास्त्रों

"आत्मा आप ही गवाही देता है..." (रोमियों 8:16)
"यदि कोई मसीह में है..." (2 कुरिन्थियों 5:17) "अपने उद्धार का काम पूरा करो..." (फिलिप्पियों 2:12–13)
पाप, माफ़ न करना, कड़वाहट और नफ़रत सेहत पर हमलों का दरवाज़ा खुला रखते हैं।
दरवाज़ा बंद करो।
अपनी मुक्ति को हिम्मत से पहनो।

बुनियादी सच्चाई ९ — आत्मा की तलवार: दुश्मन पर वार करने के लिए वचन बोलें

(इफिसियों 6:17)
ठीक होने के लिए घोषित धर्मग्रंथ की ज़रूरत होती है।

यीशु ने जो भी चमत्कार किया, उसमें ये शामिल थे:

एक आदेश
एक घोषणाएक बोला गया शब्द

शास्त्रों

"उसने अपना वचन भेजकर उन्हें चंगा किया।" (भजन 107:20) "क्या मेरा वचन आग और हथौड़े जैसा नहीं है?" (यिर्मयाह 23:29)
आपकी इलाज की बातें हथियार हैं, कविता नहीं।

बुनियादी सच्चाई 10 — पूरी प्रार्थना के साथ प्रार्थना करें: दिल से, ज़ोरदार, लगातार प्रार्थना करें

(इफिसियों 6:18)
यहीं पर आध्यात्मिक लड़ाइयां जीती जाती हैं।

प्रार्थना होनी चाहिए:
दिल से (याकूब 5:16)
लगातार (लूका 18:1) अंधेरे के खिलाफ हिंसक (मैथ्यू 11:12) सच्चाई पर आधारित उम्मीद से भरा

बार्टिमेयस उदाहरण

अंधे बार्टिमेयस ने चुप रहने से मना कर दिया।
शर्मिंदा होने से मना कर दिया। अपनी हालत मानने से मना कर दिया।
वह चिल्लाता रहा:
“हे यीशु, दाऊद की सन्तान, मुझ पर दया कर!” (मरकुस 10:47)
जब यीशु ने उसे बुलाया, तो उसने अपना वस्त्र - अपनी पुरानी पहचान - उतार फेंका।

ज़्यादातर लोगों को इलाज इसलिए नहीं मिल पाता क्योंकि:

वे सच में संपूर्ण नहीं होना चाहते,
वे दुविधा में रहते हैं (याकूब 1:6–8), वे अवचेतन रूप से बीमार रहने से लाभ उठाते हैं, वे हृदय से प्रार्थना नहीं करते

सच्ची चिकित्सा के लिए परमेश्वर की इच्छा के साथ ज़ोरदार सहमति की ज़रूरत होती है।

उपचार के लिए दस बुनियादी सत्यों का अंतिम सारांश

1. शक्ति ईश्वर से आती है, स्वयं से नहीं
2. हीलिंग एक युद्ध है — पूरा कवच पहन लो
3. शैतान दुश्मन है, भगवान नहीं
4. सत्य बंधन तोड़ता है और उपचार को सक्षम बनाता है
5. नेकी से अपराध बोध दूर होता है और हीलिंग का रास्ता खुलता है
6. सुसमाचार पर चलने से आपके स्वास्थ्य की रक्षा होती है
7. विश्वास प्रकट होने से पहले जीत देखता है
8. मसीह में आपकी पहचान ही आपकी चंगाई की सुरक्षा है
9. परमेश्वर का वचन आपका उपचार करने वाला हथियार है
10. लगातार, दिल से की गई प्रार्थना से सफलता मिलती है

खंड 1 — घोषणाएँ 1–10

(सभी को 21 दिनों तक रोज़ाना दोहराएं)

पूरा धर्मग्रंथ • गहरी हीलिंग के आदेश • आत्मा-आत्मा-शरीर की बहाली

घोषणा 1 — "परमेश्वर मेरे सम्पूर्ण स्वास्थ्य को बहाल करता है"

इसमें लिखा है:
यिर्मयाह 30:17 (NKJV)
"क्योंकि मैं तुम्हें चंगा करूँगा, और तुम्हारे घावों को चंगा करूँगा, यहोवा की यही वाणी है..."

इसमें लिखा है:
यशायाह 53:5 (NKJV)
"परन्तु वह हमारे ही अपराधों के कारण घायल किया गया, वह हमारे अधर्म के कामों के कारण कुचला गया;
हमारी ही शान्ति के लिये उस पर ताड़ना पड़ी, और उसके कोड़े खाने से हम चंगे हुए।"

घोषणा:

मैं हिम्मत से कहता हूँ कि क्राइस्ट का हीलिंग वाचा मेरी आत्मा, मन और शरीर में एक्टिव है। हर घाव—शारीरिक, भावनात्मक,

आध्यात्मिक—जीसस के कोड़ों से ठीक हो जाता है। मेरे होने के हर सेल, अंग, सिस्टम और रास्ते से रिकवरी होती है। मेरी सेहत बढ़ती है, मेरी ताकत लौटती है, और मेरी एनर्जी नई हो जाती है। मैं ठीक हो गया हूँ क्योंकि खुद भगवान ने यह कहा है।

घोषणा 2 — "यीशु का जीवन मुझमें सामर्थ्य से बहता है"

इसमें लिखा है:

यूहन्ना 10:10 (NKJV)

"मैं इसलिए आया कि वे जीवन पाएं, और बहुतायत से पाएं।"

इसमें लिखा है:

भजन संहिता 107:20 (एनकेजेवी)

"उसने अपना वचन भेजकर उन्हें चंगा किया,
और उनके विनाश से उन्हें छुड़ाया।"

घोषणा:

मैं यह आदेश देता हूँ कि मसीह का भरपूर जीवन मेरे खून, मेरी साँस, मेरी हड्डियों और मेरे मन से बहे। परमेश्वर का वचन अब मुझे ठीक कर रहा है, मुझे दिव्य जीवन से भर रहा है और हर तरह की तबाही को खत्म कर रहा है। जहाँ यीशु का जीवन सक्रिय है, वहाँ कोई बीमारी नहीं रह सकती। मैं अलौकिक स्वास्थ्य से भरपूर हूँ।

घोषणा 3 — "मेरी शक्ति उकाब के समान नई हो गई है"

इसमें लिखा है:
यशायाह 40:31 (NKJV)
"लेकिन जो यहोवा पर भरोसा रखते हैं,
वे नया बल पाएँगे; वे उकाबों के समान पंख फैलाकर उड़ेंगे, वे दौड़ेंगे और थकेंगे नहीं, वे चलेंगे और थकेंगे नहीं।"
इसमें लिखा है:
फिलिप्पियों 4:13
"जो मुझे सामर्थ देता है उसमें मैं सब कुछ कर सकता हूँ।"

घोषणा:

मैं अपने शरीर में नई अलौकिक शक्ति आने का आदेश देता हूँ। थकान टूट जाती है। कमज़ोरी गायब हो जाती है। मेरी एनर्जी कई गुना बढ़ जाती है। मैं थकान और नामुमकिन चीज़ों से ऊपर उठता हूँ, जैसे भगवान की शक्ति से उड़ता हुआ एक बाज। मेरी मांसपेशियाँ, मन और भावनाएँ खुद क्राइस्ट से ताकत पाते हैं।

घोषणा 4 — "मेरा मन चंगा हो गया है और शांति में स्थिर हो गया है"

इसमें लिखा है:

2 **तीमुथियुस** 1:7 (NKJV)

"क्योंकि परमेश्वर ने हमें भय की नहीं पर सामर्थ, और प्रेम, और संयम की आत्मा दी है।"

इसमें लिखा है:

यशायाह 26:3 (NKJV) "

जिसका मन तुझ पर स्थिर है, उसको तू पूर्ण शांति में रखेगा , क्योंकि वह तुझ पर भरोसा रखता है।"

घोषणा:

मैं अपने मन पर पूरी तरह से ठीक होने का हुक्म देता हूँ। डर अपनी पकड़ खो देता है। चिंता खत्म हो जाती है। कन्फ्यूजन टूट जाता है। मैं साफ़, स्थिर और अलौकिक शांति में चलता हूँ। मेरा मन परमेश्वर की आत्मा से मज़बूत होता है, जो उसकी शक्ति, प्यार और मज़बूती से भरा होता है।

घोषणा 5 — "मेरा इम्यून सिस्टम ठीक हो गया है और मज़बूत हो गया है"

इसमें लिखा है:

निर्गमन 23:25 (NKJV)

"इस प्रकार तुम अपने परमेश्वर यहोवा की सेवा करना, और वह
तुम्हारी रोटी और तुम्हारे पानी को आशीर्वाद देगा।
और मैं तुम्हारे बीच से बीमारी दूर करूँगा।"

इसमें लिखा है:

भजन 91:10 (NKJV)

"कोई विपत्ति तुझ पर न पड़ेगी,
न कोई विपत्ति तेरे डेरे के निकट आएगी।"

घोषणा:

मैं हुक्म देता हूँ कि मेरा इम्यून सिस्टम भगवान के हाथ से मज़बूत हो। हर कमज़ोरी ठीक हो जाए। हर हमला हार जाए। कोई बीमारी, प्लेग या इन्फेक्शन मेरे पास न आए। मेरा शरीर भगवान की इम्यूनिटी से ढका हुआ है।

घोषणा 6 — "मेरी हड्डियों और जोड़ों को नया जीवन मिलता है"

इसमें लिखा है:

नीतिवचन 3:8 (NKJV)

"इससे तुम्हारा शरीर भला-चंगा रहेगा,
और तुम्हारी हड्डियाँ पुष्ट रहेंगी।"

इसमें लिखा है:

यहेजकेल 37:5 (NKJV)

"प्रभु यहोवा इन हड्डियों से यों कहता है: 'मैं निश्चय तुम्हारे अन्दर श्वास डालूंगा, और तुम जीवित हो जाओगी।'"

घोषणा:

मैं अपनी हड्डियों और जोड़ों में जीवन का आदेश देता हूँ। भगवान की सांस से अकड़न, दर्द, सूजन या कमजोरी का हर हिस्सा ठीक हो जाता है। मेरा स्केलेटल सिस्टम ताकतवर, तरोताज़ा और मज़बूत हो जाता है।

घोषणा 7 — “मेरा खून पवित्र और शुद्ध हो गया है”

इसमें लिखा है:

लैव्यव्यवस्था 17:11 (NKJV)

“क्योंकि शरीर का प्राण लोहू में है…”

इसमें लिखा है:

इब्रानियों 9:14 (NKJV)

"मसीह का लोहू तुम्हारे विवेक को मरे हुए कामों से कितना अधिक शुद्ध करेगा, ताकि तुम जीवते परमेश्वर की सेवा करो?"

घोषणा:

मैं अपने खून को शुद्ध करने का आदेश देता हूँ। इसमें जीवन बहता है। इसमें ताकत बहती है। यीशु का खून हर सेल को पवित्र करता है। मेरे खून में कोई भी गंदगी, बीमारी, इन्फेक्शन या टॉक्सिन ज़िंदा नहीं रह सकता।

घोषणा 8 — "मेरे अंग पूरी तरह काम कर रहे हैं"

इसमें लिखा है:

भजन संहिता 139:14 (NKJV)

"मैं तेरी स्तुति करूंगा, क्योंकि मैं भयानक और अद्भुत रीति से रचा गया हूं..."

इसमें लिखा है:

यिर्मयाह 32:27 (NKJV)

"देख, मैं यहोवा हूँ, सब प्राणियों का परमेश्वर। क्या मेरे लिए कोई काम कठिन है?"

घोषणा:

मैं आदेश देता हूँ कि हर अंग—दिल, लिवर, किडनी, पैंक्रियास, फेफड़े, पाचन अंग—स्वर्ग के स्टैंडर्ड पर काम करें। भगवान के लिए कुछ भी मुश्किल नहीं है; इसलिए, मुझमें कुछ भी ऐसा नहीं है जिसे ठीक किया जा सके।

घोषणा 9 — "मेरा हृदय नया और मजबूत हुआ है"

इसमें लिखा है:

यहेजकेल 36:26 (NKJV)

"मैं तुम्हें नया हृदय दूंगा, और तुम्हारे भीतर नई आत्मा उत्पन्न करूंगा..."

इसमें लिखा है:

नीतिवचन 4:23 (NKJV)

"अपने हृदय की पूरी सावधानी से रक्षा कर,
क्योंकि जीवन का मूल स्रोत वही है।"

घोषणा:

मैं अपने दिल पर नयापन लाने का हुक्म देता हूँ—शारीरिक, आध्यात्मिक और भावनात्मक रूप से। मेरी धड़कन ईश्वरीय व्यवस्था के साथ तालमेल बिठाती है। मेरे कार्डियोवैस्कुलर सिस्टम में ताकत, पवित्रता और स्थिरता बहती है।

घोषणा 10 — "दर्द मेरे शरीर से पूरी तरह चला जाता है"

इसमें लिखा है:

नहूम 1:9 (NKJV)

"विपत्ति दूसरी बार न पड़ेगी।"

इसमें लिखा है:

मत्ती 8:17 (NKJV)

"उसने आप ही हमारी दुर्बलताओं को ले लिया और हमारी बीमारियों को उठा लिया।"

घोषणा:

मैं तय करता हूँ कि सारा दर्द—पुराना, तेज़, पुराना, या बार-बार होने वाला—अब मेरे शरीर से चला जाए। तकलीफ़ वापस नहीं आ सकती। यीशु ने मेरा दर्द उठाया; इसलिए, मैं इसे नहीं उठाता। मैं आज़ाद हूँ।

दैनिक समापन प्रार्थना

पिता, यीशु के नाम पर, मैं आपके ठीक करने वाले वचन के लिए आपको धन्यवाद देता हूँ।

इन वचनों को मेरी आत्मा, प्राण और शरीर में जड़ जमाने दो।

आपकी फिर से जी उठने की शक्ति मुझे रोज़ भर दे। मैं तय करता

हूँ कि ठीक होना मेरा वादा है, ठीक होना मेरी विरासत है, और दिव्य स्वास्थ्य मेरा हिस्सा है। मेरा शरीर एक जैसा हो गया है। मेरा मन एक जैसा हो गया है। मेरी आत्मा एक जैसी हो गई है। मैं जीवित परमेश्वर की आत्मा से ठीक, पूरा और मज़बूत हो गया हूँ। यीशु के शक्तिशाली नाम में — आमीन

खंड 2 — घोषणाएँ 11–20

(सभी को 21 दिनों तक रोज़ाना दोहराएं)
पूरा धर्मग्रंथ • गहरी हीलिंग के आदेश • आत्मा-आत्मा-शरीर की बहाली

घोषणा 11 — "मेरे अंदरूनी ज़ख्म भर गए हैं और मेरी आत्मा को शांति मिली है"

इसमें लिखा है:
भजन 147:3 (एनकेजेवी)
"वह टूटे दिलों को ठीक करता है
, और उनके घावों पर पट्टी बांधता है।"
इसमें लिखा है:
लूका 4:18 (NKJV)
"यहोवा की आत्मा मुझ पर है,
क्योंकि उसने मुझे गरीबों को खुशखबरी सुनाने के लिए चुना है; उसने मुझे इसलिए भेजा है कि टूटे दिलों को ठीक करूँ, कैदियों को आज़ादी

का ऐलान करूँ, अंधों को नज़र वापस दिलाऊँ, और सताए हुए लोगों को आज़ाद करूँ।"

घोषणाः

मैं यह आदेश देता हूँ कि मेरे दिल का हर छिपा हुआ घाव, हर इमोशनल निशान, और मेरी आत्मा का हर टूटा हुआ टुकड़ा यीशु के अभिषेक से ठीक हो जाए। मेरी आत्मा ठीक हो जाती है, मज़बूत हो जाती है, और फिर से बन जाती है। ट्रॉमा अपनी आवाज़ खो देता है, दर्द अपनी ताकत खो देता है, और भारीपन मुझसे दूर हो जाता है। मैं इमोशनल आज़ादी, स्थिरता और खुशी में चलता हूँ।

घोषणा 12 — “मेरे हॉर्मोन और बॉडी केमिस्ट्री भगवान की बनावट के साथ पूरी तरह से मेल खाते हैं”

इसमें लिखा है:

उत्पत्ति 1:31 (NKJV)

"तब परमेश्वर ने जो कुछ बनाया था, सब को देखा, तो क्या देखा कि वह बहुत ही अच्छा है।"

इसमें लिखा है:

याकूब 1:17 (NKJV) **“हर एक अच्छा तोहफ़ा और हर एक उत्तम तोहफ़ा ऊपर से है, और ज्योतियों के**

पिता की ओर से आता है ...”

घोषणा:

मैं आदेश देता हूँ कि मेरा एंडोक्राइन सिस्टम एकदम सही दिव्य क्रम में आ जाए। मेरे हार्मोन लेवल स्थिर हो जाते हैं। मेरी बॉडी केमिस्ट्री भगवान के ओरिजिनल “बहुत अच्छे” ब्लूप्रिंट पर रीसेट हो जाती है। हर असंतुलन—इमोशनल, केमिकल, या फिजिकल—ठीक हो जाता है। मैं स्थिरता, ताकत, स्पष्टता और संतुलन में चलता हूँ।

घोषणा 13 — "मेरा मन, मस्तिष्क और तंत्रिका तंत्र परमेश्वर द्वारा नवीनीकृत और पुनः संयोजित किया गया है"

इसमें लिखा है:
रोमियों 12:2 (NKJV)
"इस संसार के सदृश न बनो, परन्तु अपने मन के नये हो जाने से अपने आपको बदलते जाओ..."
इसमें लिखा है:
भजन संहिता 23:3 (NKJV)
"वह मेरे प्राण को जिलाता है..."

घोषणा:

मैं आदेश देता हूँ कि मेरे दिमाग के रास्ते पवित्र आत्मा से फिर से जुड़ जाएँ। डर, ट्रॉमा, कन्फ्यूजन, एंग्जायटी और मेंटल थकान का हर पैटर्न टूट गया है। मेरा नर्वस सिस्टम शांत, ठीक और रेगुलेटेड हो गया है। मेरा दिमाग तेज, ठीक, नया और भगवान की शांति से भर गया है।

घोषणा 14 — "**मेरे शरीर से सूजन और बेचैनी गायब हो जाए**"

इसमें लिखा है:
यशायाह 58:8 (NKJV)
"तब तुम्हारा प्रकाश सवेरे की तरह चमकेगा,
तुम शीघ्र ही चंगे हो जाओगे..."
इसमें लिखा है:
मरकुस 11:23 (NKJV)
"जो कोई इस पहाड़ से कहे, 'उखड़ जा और समुद्र में जा पड़,' ... वह जो कुछ भी कहेगा, वही होगा।"

घोषणाः

मैं आदेश देता हूँ कि मेरे शरीर से सारी सूजन, जलन और अंदरूनी परेशानी गायब हो जाए। जल्दी ही ठीक होना शुरू हो जाएगा। दर्द, सूजन या असंतुलन का हर पहाड़ अब हट जाएगा। मेरे टिशू, जोड़, अंग और सेल्स को शांति और ठीक होना मिलेगा।

घोषणा 15 — "दिव्य ऊर्जा निरंतर मेरे माध्यम से बहती है"

इसमें लिखा है:

इफिसियों 3:16 **(एनकेजेवी)**

"उसकी आत्मा के द्वारा भीतरी मनुष्यत्व में सामर्थ से बलवन्त होते जाओ।"

इसमें लिखा है:

हबक्कूक 3:19 **(NKJV)**

"यहोवा परमेश्वर मेरी शक्ति है;
वह मेरे पैरों को हिरण के पैरों के समान बनाएगा, और वह मुझे मेरी ऊँची पहाड़ियों पर चलाएगा।"

घोषणा:

मैं आदेश देता हूँ कि दिव्य ऊर्जा मेरे अंदर के इंसान को भर दे, मेरे शरीर में फैल जाए। थकान दूर हो जाती है। थकावट की जगह अलौकिक सहनशक्ति आ जाती है। मैं दौड़ता हूँ और थकता नहीं; मैं चलता हूँ और बेहोश नहीं होता। प्रभु मेरी ताकत है।

घोषणा 16 — "मेरा पाचन तंत्र ठीक हो गया है और नया हो गया है"

इसमें लिखा है:

भजन संहिता 103:5 (NKJV)

"वही तेरे मुंह को उत्तम वस्तुओं से तृप्त करता है,
जिससे तेरी जवानी उकाब के समान नई हो जाती है।"

इसमें लिखा है:

3 यूहन्ना 2 (NKJV)

"प्रिय, मैं प्रार्थना करता हूं कि जैसे तुम्हारी आत्मा समृद्ध है, वैसे ही तुम सभी चीजों में समृद्ध हो और स्वस्थ रहो।"

घोषणा:

मैं अपने डाइजेस्टिव सिस्टम पर भगवान का राज करता हूँ। डाइजेशन में शामिल हर अंग—पेट, आंत, लिवर, पैंक्रियास—भगवान के बताए तरीके से काम करते हैं। मैं न्यूट्रिएंट्स को अच्छे से एब्जॉर्ब करता हूँ। ब्लोटिंग, इरिटेशन, अल्सर और डाइजेस्टिव दर्द दूर हो जाते हैं। मेरी जवानी चील की तरह नई हो जाती है।

घोषणा 17 — "मेरे फेफड़े, सांस और श्वसन ठीक हो गए हैं"

इसमें लिखा है:

उत्पत्ति 2:7 (NKJV)

"और यहोवा परमेश्वर ने... उसके नथुनों में जीवन की साँस फूँकी; और मनुष्य जीवित प्राणी बन गया।"

इसमें लिखा है:

अय्यूब 33:4 (NKJV)

"परमेश्वर के आत्मा ने मुझे बनाया है,
और सर्वशक्तिमान की साँस मुझे जीवन देती है।"

घोषणा:

मैं हुक्म देता हूँ कि भगवान की साँस मेरे फेफड़ों में भर जाए। हर रुकावट, साँस की हर तकलीफ़, साँस की हर कमज़ोरी खत्म हो जाए। मेरी साँस मज़बूत, गहरी, पूरी और जीवन देने वाली है। मेरे फेफड़े ठीक होने के साथ फैलते हैं। भगवान की साँस मुझे सहारा देती है।

घोषणा 18 — "मेरी आँखें और कान ठीक हो गए हैं; मैं साफ़ देख और सुन सकता हूँ"

इसमें लिखा है:

भजन 146:8 (NKJV)

"यहोवा अंधों की आंखें खोलता है;
यहोवा झुके हुए को सीधा खड़ा करता है..."

इसमें लिखा है:

मत्ती 13:16 (NKJV)

"परन्तु तुम्हारी आंखें धन्य हैं, कि वे देखती हैं; और तुम्हारे कान धन्य हैं, कि वे सुनते हैं।"

घोषणाः

मैं अपनी आँखों को साफ़ और सुनने की शक्ति वापस पाने का हुक्म देता हूँ। हर कमी, सुस्ती, धुंधलापन, आवाज़ का बजना, या कमज़ोरी ठीक हो जाती है। मेरी रूहानी और शारीरिक नज़र तेज़ हो जाती है। मेरी सुनने की शक्ति—कुदरती और रूहानी दोनों—पूरी तरह खुल जाती है।

घोषणा 19 — "मैं दिव्य विश्राम और अलौकिक शांति में प्रवेश करता हूँ"

इसमें लिखा है:

भजन 4:8 (NKJV)

"मैं चैन से लेटूंगा और सो जाऊंगा;
क्योंकि हे यहोवा, केवल तू ही मुझे सुरक्षित रहने देता है।"

इसमें लिखा है:

मैथ्यू 11:28 (NKJV)

"हे सब परिश्रम करनेवालो और बोझ से दबे हुए लोगों, मेरे पास आओ;
मैं तुम्हें विश्राम दूंगा।"

घोषणा:

मैं अपने मन और शरीर पर अलौकिक आराम का आदेश देता हूँ। मैं शांति से सोता हूँ और तरोताज़ा होकर उठता हूँ। स्ट्रेस, टेंशन और अंदर की अशांति दूर हो जाती है। मैं सुरक्षित रहता हूँ। भगवान की शांति में मेरा नर्वस सिस्टम शांत हो जाता है।

घोषणा 20 — “मेरे जीवन से बीमारी का हर श्राप टूट गया है”

इसमें लिखा है:

गलातियों 3:13 (NKJV)

“मसीह ने हमारे लिए श्राप बनकर हमें व्यवस्था के श्राप से छुड़ाया है…”

इसमें लिखा है:

कुलुस्सियों 2:14 (एनकेजेवी)

"…उसने हमारे विरुद्ध आवश्यकताओं के लिखे हुए को मिटा दिया है… और उसे क्रूस पर चढ़ाकर मार्ग से हटा दिया है।"

घोषणाः

मैं आदेश देता हूँ कि बीमारी का हर पीढ़ी से चला आ रहा, खानदानी और बोला हुआ श्राप मेरे शरीर से टूट जाए। क्राइस्ट ने मुझे छुड़ाया है। मेरी सेहत के खिलाफ जो कुछ भी लिखा था, उसे क्रॉस पर ठोक दिया गया। मैं आज़ादी, आशीर्वाद और पूरी सेहत के साथ चलता हूँ।

दैनिक समापन प्रार्थना

पिता, मैं इन ठीक करने वाले वचनों के लिए आपका धन्यवाद करता हूँ।
इनसे मुझमें जीवन, सेहत, ताकत और सुधार आए। मैं अपनी आत्मा, रूह और शरीर के हर सिस्टम में तालमेल, नयापन और पूरी तरह से ठीक होने का हुक्म देता हूँ। आपका वचन काम कर रहा है। आपकी आत्मा ठीक कर रही है। आपकी शक्ति ठीक कर रही है। मैं अपनी ज़िंदगी के सभी दिनों में भगवान की सेहत में चलता हूँ। यीशु के शक्तिशाली नाम में — आमीन।

खंड 3 — घोषणाएँ 21–30

360° हीलिंग और संपूर्णता के लिए 50 डेली डिक्लेरेशन

(पूरा शास्त्र + भविष्यसूचक आदेश)

घोषणा 21 — "मेरी आत्मा मेरे शरीर पर अधिकार रखती है"

इसमें लिखा है:

रोमियों 8:11 (NKJV)

"परन्तु यदि उसका आत्मा जिसने यीशु को मरे हुओं में से जिलाया, तुम में बसा हुआ है; तो
जिसने मसीह को मरे हुओं में से जिलाया, वह तुम्हारी नश्वर देहों को भी अपने आत्मा के द्वारा जो तुम में बसा हुआ है, जीवन देगा।"

इसमें लिखा है:

1 **कुरिंथियों** 6:19 (NKJV)

"क्या तुम नहीं जानते कि तुम्हारा शरीर पवित्र आत्मा का मंदिर है जो तुम में बसा हुआ है, और तुम्हें परमेश्वर से मिला है...?"

घोषणाः

मैं यह आदेश देता हूँ कि मेरे अंदर परमेश्वर की आत्मा मेरे शरीर के हर हिस्से पर अधिकार रखती है। मेरी आत्मा अधिकार में उठती है और मेरे शरीर को चलाती है। वही शक्ति जिसने यीशु को मरे हुओं में से ज़िंदा किया, मेरे शरीर को जीवन, स्फूर्ति, ताकत और नयापन देती है। मेरा शरीर पवित्र आत्मा का मंदिर है; इसलिए, बीमारी इस मंदिर में नहीं रह सकती। जीवन मौत को निगल जाता है । ताकत कमज़ोरी की जगह ले लेती है। संपूर्णता अव्यवस्था की जगह ले लेती है।

घोषणा 22 — "मेरी कोशिकाओं को दिव्य जीवन और तेज़ी मिलती है"

इसमें लिखा है:

भजन संहिता 119:50

"मेरे दुःख में मुझे यही शान्ति है,
क्योंकि तेरे वचन ने मुझे जीवन दिया है।"

इसमें लिखा है:

यूहन्ना 6:63 (NKJV)

"आत्मा ही जीवन देती है; शरीर से कुछ लाभ नहीं।
जो बातें मैं तुम से कहता हूँ वे आत्मा हैं, और वे जीवन हैं।"

घोषणा:

मैं आदेश देता हूँ कि मेरे शरीर के हर सेल, टिशू और अंग को दिव्य जीवन का नया संचार मिले। परमेश्वर का वचन मेरे सेलुलर स्ट्रक्चर में प्रवेश करता है और अलौकिक जीवन शक्ति लाता है। हर मरता हुआ या खराब काम करने वाला सेल फिर से ज़िंदा हो जाता है। मेरा शरीर आत्मा की आवाज़ पर प्रतिक्रिया करता है। जीवन बहता है। हीलिंग बहती है। संपूर्णता बहती है।

घोषणा 23 — "मैं प्रतिदिन, निरंतर दिव्य स्वास्थ्य की ओर चलता हूँ"

इसमें लिखा है:

व्यवस्थाविवरण 30:19–20 (NKJV) "…**मैंने**
तुम्हारे सामने जीवन और मृत्यु, आशीर्वाद और श्राप रखे हैं; इसलिए जीवन को चुनो…
क्योंकि वही तुम्हारा जीवन और तुम्हारे दिनों की लंबाई है…"

इसमें लिखा है:

नीतिवचन 3:7–8 (NKJV)
"अपनी नज़र में बुद्धिमान न बनो;
यहोवा का भय मानो और बुराई से दूर रहो। इससे तुम्हारा शरीर सेहतमंद रहेगा, और तुम्हारी हड्डियाँ मज़बूत रहेंगी।"

घोषणा:

मैं यह तय करता हूँ कि भगवान की सेहत मेरी रोज़ की विरासत है। मैं ज़िंदगी चुनता हूँ, इसलिए ज़िंदगी मेरे हर हिस्से में भर जाती है। भगवान मेरे दिनों की लंबाई और मेरी हड्डियों की ताकत हैं। मैं बीमारी, कमज़ोरी, समय से पहले बुढ़ापा और बीमारी को मना करता हूँ। मैं भगवान की ताकत के आशीर्वाद में चलता हूँ।

घोषणा 24 — "मेरा शरीर परमेश्वर का पवित्र मंदिर है"

इसमें लिखा है:

1 कुरिन्थियों 6:20 (NKJV)

"क्योंकि तुम दाम देकर खरीदे गए हो; इसलिए अपने शरीर और अपनी आत्मा के द्वारा परमेश्वर की महिमा करो, जो परमेश्वर के हैं।"

इसमें लिखा है:

1 कुरिंथियों 3:16

"क्या तुम नहीं जानते कि तुम परमेश्वर के मन्दिर हो, और परमेश्वर का आत्मा तुम में वास करता है?"

घोषणा:

मैं यह तय करता हूँ कि मेरा शरीर पवित्र है, भगवान ने इसे छुड़ाया है और इसे शुद्ध किया है। यीशु के खून से खरीदे गए मंदिर में कोई भी गंदगी नहीं रह सकती। मेरे शरीर का हर सिस्टम ताकत, काम करने की क्षमता और सेहत से भगवान की महिमा करता है। मैं भगवान की पूरी तरह से पवित्र जगह हूँ।

घोषणा 25 — "मेरी रीढ़, नसें और मांसपेशियां स्वर्ग के आदेश के साथ संरेखित हैं"

इसमें लिखा है:
भजन संहिता 18:32 (NKJV)
"यह परमेश्वर ही है जो मुझे सामर्थ्य से कटिबद्ध करता है,
और मेरे मार्ग को सिद्ध करता है।"
इसमें लिखा है:
यशायाह 58:11 (NKJV)
"यहोवा तुम्हें लगातार ले चलेगा,
और सूखे में तुम्हारे प्राण को तृप्त करेगा, और तुम्हारी हड्डियों को मज़बूत करेगा..."

घोषणा:

मैं अपनी रीढ़ की हड्डी, हड्डियों के ढांचे और नर्वस सिस्टम पर भगवान का अलाइनमेंट तय करता हूँ। मेरा पोस्चर, मोबिलिटी, फ्लेक्सिबिलिटी और ताकत एकदम सही क्रम में आ जाती है। हर नर्व को ठीक किया जाता है। हर मसल मजबूत होती है। मेरा पूरा शरीर भगवान के बनाए तालमेल से चलता है।

घोषणा 26 — "मेरा ब्लड प्रेशर और हार्ट रिदम पूरी तरह से रेगुलेटेड हैं"

इसमें लिखा है:
नीतिवचन 14:30 (NKJV)
"एक स्वस्थ हृदय शरीर के लिए जीवन है..."
इसमें लिखा है:
फिलिप्पियों 4:6–7 **(एनकेजेवी)**
"... और परमेश्वर की शान्ति, जो सारी समझ से परे है, तुम्हारे हृदय और विचारों को मसीह यीशु में सुरक्षित रखेगी।"

घोषणा:

मैं अपने कार्डियोवैस्कुलर सिस्टम पर स्थिरता और सही रेगुलेशन का आदेश देता हूँ। मेरा ब्लड प्रेशर नॉर्मल हो जाता है। मेरे दिल की धड़कन भगवान की शांति के साथ एक सीध में आ जाती है। स्ट्रेस खत्म हो जाता है। एंग्जायटी चली जाती है। भगवान की शांति मेरे दिल की रक्षा करती है, उसे गड़बड़ी, कमजोरी या खराबी से बचाती है।

घोषणा 27 — “हर बीमारी, बीज, जड़ और लक्षण नष्ट हो जाते हैं”

इसमें लिखा है:

यशायाह 33:24 (NKJV)

“और वहां रहने वाला यह न कहेगा, ‘मैं बीमार हूं’; और
जो लोग वहां रहते हैं, उनके अधर्म क्षमा कर दिए जाएंगे।”

इसमें लिखा है:

मैथ्यू 15:13 (NKJV)

"हर पौधा जिसे मेरे स्वर्गीय पिता ने नहीं लगाया है, उखाड़ दिया जाएगा।"

घोषणा:

मैं यह आदेश देता हूँ कि हर बीमारी, रोग, जड़ और लक्षण जो भगवान ने मेरे शरीर में नहीं बोया है, अब जड़ से उखाड़ दिया जाए। मेरे शरीर में कोई बीमारी नहीं रह सकती। कोई भी डायग्नोसिस मुझे परिभाषित नहीं करता। ईश्वरीय स्वास्थ्य के विपरीत हर चीज़ पूरी तरह से हटा दी जाती है।

घोषणा 28 — "मेरी जवानी उकाब की तरह नई हो गई है"

इसमें लिखा है:

भजन संहिता 103:5 (NKJV)

"वही तेरे मुंह को उत्तम वस्तुओं से तृप्त करता है,
जिससे तेरी जवानी उकाब के समान नई हो जाती है।"

इसमें लिखा है:

यशायाह 40:29–31 **(एनकेजेवी)**

"वह निर्बलों को शक्ति देता है,
और जो शक्तिहीन हैं उनमें वह अधिक शक्ति डालता है।"

घोषणा:

मैं अपने शरीर में सुपरनैचुरल रिजुविनेशन का हुक्म देता हूँ। मेरी जवानी फिर से आ जाती है। मेरी ताकत बढ़ जाती है। मेरी स्किन, हड्डियाँ, जोड़, बाल और सेल्स फ्रेश और ठीक हो जाते हैं। मैं ग्रेस, एनर्जी और डिवाइन पावर के साथ बूढ़ा होता हूँ।

घोषणा 29 — "मैं अलौकिक शांति और आंतरिक शांति में रहता हूँ"

इसमें लिखा है:

यूहन्ना **14:27 (NKJV)**

"मैं तुम्हें शान्ति दिए जाता हूँ, अपनी शान्ति तुम्हें देता हूँ..."

इसमें लिखा है:

कुलुस्सियों **3:15 (NKJV)**

"और परमेश्वर की शान्ति तुम्हारे हृदय में राज्य करे..."

घोषणा:

मैं आदेश देता हूँ कि मसीह की शांति मेरे दिल, दिमाग और शरीर पर राज करे। स्ट्रेस, डर, घबराहट और अंदर की उथल-पुथल अपनी ताकत खो देते हैं। शांति मेरी नैचुरल हालत बन जाती है। मेरा नर्वस सिस्टम, विचार और भावनाएँ दिव्य शांति में शांत हो जाते हैं।

घोषणा 30 — "बीमारी मेरे खिलाफ़ सफल नहीं हो सकती"

इसमें लिखा है:

यशायाह 54:17 (NKJV)

"तुम्हारे खिलाफ बनाया गया कोई भी हथियार सफल नहीं होगा..."

इसमें लिखा है:

लूका 10:19 (NKJV)

"देखो, मैं तुम्हें दुश्मन की सारी ताकत पर अधिकार देता हूँ, और कुछ भी तुम्हें किसी तरह से नुकसान नहीं पहुँचाएगा।"

घोषणा:

मैं यह तय करता हूँ कि बीमारी, रोग, इन्फेक्शन, कमज़ोरी और तकलीफ़ मेरी ज़िंदगी में नहीं आ सकतीं। मैं मसीह के अधिकार से सुरक्षित हूँ। कोई भी चीज़ मुझे किसी भी तरह से नुकसान नहीं पहुँचा सकती। मेरी सेहत भगवान की शक्ति से सुरक्षित है।

दैनिक समापन प्रार्थना

पिता, मैं आपके वचन और आपकी ठीक करने की शक्ति के लिए आपका धन्यवाद करता हूँ।
ये वचन मेरी आत्मा में जड़ें जमा लें और मेरे शरीर में प्रकट हों। मैं दिव्य स्वास्थ्य, संपूर्णता, शक्ति, स्फूर्ति और अलौकिक शांति में चलता हूँ। मेरे शरीर का हर सिस्टम स्वर्ग के क्रम के साथ संरेखित है। आपका जीवन मेरे माध्यम से बहता है। आपकी शक्ति मुझे ठीक करती है। आपकी आत्मा मुझे मजबूत करती है। मैं यीशु के नाम में ठीक हो गया हूँ — आमीन।

खंड 4 — घोषणाएँ 31–40

360° हीलिंग और संपूर्णता के लिए 50 डेली डिक्लेरेशन

(पूरा पवित्रशास्त्र + भविष्यवाणियाँ — NKJV)

घोषणा 31 — "कोई भी टॉक्सिन या नुकसानदायक पदार्थ मेरे शरीर को नुकसान नहीं पहुंचा सकता"

इसमें लिखा है:

मरकुस 16:18 (NKJV)

"...और अगर वे कोई जानलेवा चीज़ पी भी लें, तो भी उन्हें कोई नुकसान नहीं होगा;
वे बीमारों पर हाथ रखेंगे, और वे ठीक हो जाएँगे।"

इसमें लिखा है:

भजन 91:16 (NKJV)

"मैं उसको दीर्घायु से तृप्त करूंगा,
और अपना उद्धार दिखाऊंगा।"

घोषणाः

मैं यह तय करता हूँ कि मेरा शरीर नुकसान से भगवान की तरह सुरक्षित है। कोई भी टॉक्सिन, केमिकल, एनवायरनमेंटल पॉल्यूटेंट, खाने का रिएक्शन, या कोई छिपी हुई चीज़ मुझे नुकसान नहीं पहुँचा सकती। मेरा डाइजेस्टिव सिस्टम खतरे को बेअसर कर देता है। मेरे सेल्स नुकसान पहुँचाने वाले एजेंट्स को रिजेक्ट कर देते हैं। मैं भगवान के जीवन से मज़बूत हूँ, उनकी लंबी उम्र के वादे से सुरक्षित हूँ, और उनकी ठीक करने की शक्ति से सुरक्षित हूँ। अब मुझमें लंबी ज़िंदगी आती है।

घोषणा 32 — "मेरा लिवर और किडनी साफ़ हो गए हैं और पूरी तरह से काम कर रहे हैं"

इसमें लिखा है:
यिर्मयाह 17:14 (NKJV)
"हे यहोवा, मुझे चंगा कर, तो मैं चंगा हो जाऊंगा;
मुझे बचा, तो मैं बच जाऊंगा, क्योंकि मैं तेरी ही स्तुति करता हूं।"
इसमें लिखा है:
फिलिप्पियों 1:6 (NKJV)
"जिसने तुम में अच्छा काम शुरू किया है, वही उसे पूरा भी करेगा..."

घोषणा:

मैं अपने लिवर और किडनी को पूरी तरह से ठीक और ताकत देता हूँ। वे मेरे खून को बहुत आसानी से फिल्टर, साफ और शुद्ध करते हैं। हर टॉक्सिन बाहर निकल जाता है। हर सेल नया हो जाता है। हर काम ठीक हो जाता है। भगवान, जिन्होंने मुझमें ठीक करने का काम शुरू किया था, उसे पूरी तरह से पूरा करते हैं। उनके छूने से मेरे अंदरूनी अंग फलते-फूलते हैं।

घोषणा 33 — "मेरा ब्लड शुगर और मेटाबॉलिज्म ठीक हो गया है"

इसमें लिखा है:
मलाकी 4:2 (NKJV)
"परन्तु तुम्हारे लिये जो मेरे नाम का भय मानते हो,
धर्म का सूर्य उदय होगा, और उसकी किरणों के द्वारा चंगाई होगी..."
इसमें लिखा है:
भजन 84:11 (NKJV)
"जो लोग सीधी चाल चलते हैं, उनसे वह कोई भी अच्छी चीज़ नहीं रोकेगा
।"

घोषणा:

मैं अपने ब्लड शुगर, इंसुलिन, पैंक्रियास और मेटाबॉलिज्म पर भगवान का कंट्रोल रखता हूँ। हर गड़बड़ी खुद ठीक हो जाती है। नेकी का सूरज मेरे एंडोक्राइन सिस्टम पर अपनी किरणों से इलाज के साथ उगता है। भगवान मेरे मेटाबॉलिज्म में बैलेंस, ताकत, स्थिरता और सेहत सहित कोई भी अच्छी चीज़ नहीं रोकते।

घोषणा 34 — "मेरा खून आज़ादी से, मज़बूती से और पूरी तरह से बहता है"

इसमें लिखा है:

यहेजकेल 37:14 (NKJV)

"मैं अपनी आत्मा तुम में डालूंगा, और तुम जीवित रहोगे..."

इसमें लिखा है:

नीतिवचन 3:1–2 (NKJV)

"...अपने हृदय में मेरी आज्ञाओं को रख;
क्योंकि वे तेरी आयु और जीवन को बढ़ाएंगी, और शांति प्रदान करेंगी।"

घोषणाः

मैं अपने सर्कुलेटरी सिस्टम पर जीवन का हुक्म देता हूँ। मेरा खून आसानी से बहता है। मेरी आर्टरीज़, वेन्स और कैपिलरीज़ खुली, लचीली और मज़बूत रहती हैं। हर रुकावट दूर हो जाती है। हर असामान्यता खत्म हो जाती है। भगवान की आत्मा मेरे खून में जान डालती है, जिससे मुझे लंबी उम्र, शांति और ताकत मिलती है।

घोषणा 35 — "हर पुरानी बीमारी मेरे शरीर से दूर हो जाती है"

इसमें लिखा है:

मैथ्यू 9:22 (NKJV)

"बेटी, हिम्मत रख; तेरे विश्वास ने तुझे चंगा कर दिया है।"

इसमें लिखा है:

भजन संहिता 30:2 (NKJV)

"हे मेरे परमेश्वर यहोवा, मैं ने तेरी दोहाई दी,
और तू ने मुझे चंगा किया।"

घोषणा:

मैं यह तय करता हूँ कि पुरानी बीमारी, लंबे समय तक चलने वाली तकलीफ़ और बार-बार होने वाला दर्द हमेशा के लिए खत्म हो जाए। मेरा विश्वास मुझे ठीक करता है। भगवान मेरी पुकार सुनते हैं और मुझे ठीक करते हैं। मैं बीमारी के चक्कर को मना करता हूँ। मैं हमेशा के लिए, स्थिर और ऐसी सेहत में चलता हूँ जिसे ठीक नहीं किया जा सकता।

घोषणा 36 — “परमेश्वर का वचन मेरे शरीर के लिए दवा है”

इसमें लिखा है:

इब्रानियों 4:12 (NKJV)

“क्योंकि परमेश्वर का वचन जीवित और शक्तिशाली है...”

इसमें लिखा है:

नीतिवचन 4:20–22 **(एनकेजेवी)**

“... जो उन्हें पाते हैं, उनके लिये वे जीवन हैं,
और उनके सारे शरीर के लिये चंगे हो जाते हैं।”

घोषणा:

मैं तय करता हूँ कि परमेश्वर का वचन मेरे शरीर में जीवित दवा की तरह पहुँचे। यह टूटी हुई चीज़ों को ठीक करता है, मरी हुई चीज़ों को फिर से ज़िंदा करता है, कमज़ोर चीज़ों को मज़बूत करता है, और जो अस्थिर है उसे संतुलित करता है। मैं जो भी वचन बोलता हूँ, वह मेरे शरीर के लिए ठीक करने वाला बन जाता है। मेरा शरीर जीवन के वचन पर प्रतिक्रिया करता है।

घोषणा 37 — "प्रकाश मेरी आत्मा को भर देता है और अंधकार को दूर भगाता है"

इसमें लिखा है:
भजन संहिता 27:1 (NKJV)
"यहोवा मेरी ज्योति और मेरा उद्धार है;
मैं किससे डरूं?"
इसमें लिखा है:
यूहन्ना 1:5 (NKJV)
"और उजियाला अन्धकार में चमकता है, और अन्धकार ने उसे न समझा।"

घोषणा:

मैं तय करता हूँ कि भगवान की रोशनी मेरी आत्मा, मन और शरीर में भर जाए। अंधेरा नहीं रह सकता — आध्यात्मिक, भावनात्मक या शारीरिक रूप से। डिप्रेशन दूर हो जाता है। उलझन दूर हो जाती है। कमजोरी भाग जाती है। रोशनी मेरे अंदर के इंसान को भर देती है और मेरे जीवन के हर सिस्टम में हीलिंग फैला देती है।

घोषणा 38 — "मेरी आत्मा आशा में स्थिर है और आनंद से भरपूर है"

इसमें लिखा है:
इब्रानियों 6:19 (NKJV)
"यह आशा हमारे प्राण के लिये ऐसा लंगर है, जो दृढ़ और अटल है..."
इसमें लिखा है:
रोमियों 15:13 (NKJV)
"अब आशा का परमेश्वर तुम्हें विश्वास करने में सब प्रकार के आनन्द और शान्ति से भर दे..."

घोषणा:

मैं यह तय करता हूँ कि मेरी आत्मा उम्मीद में टिकी हुई है। यह अटल, सुरक्षित और अटल है। मेरे अंदर खुशी बहती है। शांति मुझे भर देती है। उम्मीद मुझे मज़बूत करती है। मेरी भावनाएँ स्थिर होती हैं, मेरे विचार उज्ज्वल होते हैं, और मेरा अंदर का अस्तित्व खिलता है।

घोषणा 39 — "मेरा शरीर प्रभु द्वारा संचालित और संचालित होता है"

इसमें लिखा है:

भजन 121:7–8 (NKJV)

"यहोवा तुझे सब विपत्तियों से बचाएगा;
वह तेरे प्राण की रक्षा करेगा। यहोवा तेरे आने -जाने में रक्षा करेगा ..."

इसमें लिखा है:

यशायाह 58:11 (NKJV)

"यहोवा तुम्हें लगातार ले चलेगा...
तुम सींचे हुए बगीचे के समान होगे..."

घोषणा:

मैं भगवान से यह हुक्म मांगता हूं कि वह मेरी सेहत बनाए रखे, मेरी ताकत बनाए रखे और मेरे शरीर की रक्षा करे। मेरे सिस्टम फेल नहीं होते। मेरी सेहत खराब नहीं होती। मैं एक सींचा हुआ बगीचा हूं—जो भगवान के लगातार गाइडेंस में तरोताज़ा, पोषित, फिर से ज़िंदा और फलता-फूलता है।

घोषणा 40 — "मैं परमेश्वर की शक्ति से जल्दी और पूरी तरह से ठीक हो जाता हूँ"

इसमें लिखा है:

मार्क 16:18 (एनकेजेवी)

"... वे बीमारों पर हाथ रखेंगे, और वे चंगे हो जायेंगे।"

इसमें लिखा है:

यिर्मयाह 33:6 (NKJV)

"देख, मैं उसे सेहत और चंगा करूँगा; मैं उन्हें ठीक करूँगा और उन पर पूरी शांति और सच्चाई दिखाऊँगा।"

घोषणा:

मैं अपने शरीर के हर हिस्से में तेज़ी से ठीक होने का हुक्म देता हूँ। मैं पूरी तरह, जल्दी और सुपरनैचुरल तरीके से ठीक हो जाता हूँ। कमज़ोरी चली जाती है। हीलिंग होती है। ताकत बढ़ती है। शांति और सच्चाई की भरमार मेरे शरीर से बहती है, और सब कुछ ठीक कर देती है।

दैनिक समापन प्रार्थना

पिता, मैं आपके वचन के लिए आपका धन्यवाद करता हूँ जो मेरे पूरे अस्तित्व को जीवन, स्वास्थ्य और शक्ति देता है। मैं
जो भी शास्त्र कहता हूँ, वह मुझमें साकार हो। हर आदेश तेज़ी से प्रकट हो। मैं दिव्य रिकवरी, दिव्य सुरक्षा, दिव्य जीवन शक्ति और दिव्य पूर्णता में चलता हूँ। आपकी हीलिंग मेरे ज़रिए बहती है। आपकी शक्ति मुझे सहारा देती है। आपकी शांति मुझे बचाती है। आपकी शक्ति से मैं ठीक हो गया हूँ—आत्मा, प्राण और शरीर। यीशु के शक्तिशाली नाम में — आमीन।

खंड 5 — घोषणाएँ 41–50 (अंतिम खंड)

संपूर्ण NKJV शास्त्र + शक्तिशाली प्रथम-व्यक्ति उपचार आदेश

(सभी ५0 घोषणाओं को 21 दिनों तक रोज़ाना दोहराएं)

घोषणा 41 — “मेरा DNA, जीन और सेल्स भगवान की परफेक्ट डिज़ाइन के साथ अलाइन हैं”

इसमें लिखा है:

भजन 139:14–16 **(एनकेजेवी)**

"मैं आपकी प्रशंसा करूंगा, क्योंकि मैं भयानक और अद्भुत ढंग से बनाया गया हूं...

आपकी आंखों ने मेरे तत्व को देखा, जब मैं अभी तक अनगढ़ था। और आपकी पुस्तक में वे सभी लिखे हुए थे, मेरे लिए दिन बनाए गए, जब उनमें से अभी तक कोई भी नहीं था।"

इसमें लिखा है:

याकूब 1:18 (NKJV)

“उसने अपनी ही इच्छा से हमें सत्य के वचन के द्वारा उत्पन्न किया...”

घोषणाः

मैं अपने DNA में भगवान का आदेश देता हूँ। मेरे जीन भगवान के वचन के आगे झुकते हैं। कोई भी जेनेटिक कमज़ोरी, म्यूटेशन, विरासत में मिली बीमारी, या परिवार की कोई भी बीमारी भगवान के ब्लूप्रिंट से बदल जाती है। मैं भयानक और अद्भुत तरीके से बना हूँ, और मेरे सेल्स भगवान के इरादे को दिखाते हैं। मेरा शरीर सच्चाई के वचन के अनुसार फिर से बनता है।

घोषणा 42 — "चिह्न, चमत्कार, और चंगाई के प्रमाण मेरे पीछे आओ"

इसमें लिखा है:

मरकुस 16:17 (NKJV)

"और ये चिन्ह उन लोगों में होंगे जो विश्वास करेंगे..."

इसमें लिखा है:

प्रेरितों के काम 10:38 (NKJV)

"...परमेश्वर ने नासरत के यीशु को अभिषेक किया... जो भलाई करता और शैतान के सताए हुए सब लोगों को चंगा करता फिरा..."

घोषणा:

मैं तय करता हूँ कि ठीक होने के संकेत रोज़ मेरे पीछे आएं। मैं भगवान की अच्छाई का जीता-जागता सबूत हूँ। मुझमें सेहत आती है। ठीक होना दिखता है। ताकत दिखती है। मेरा जीवन यीशु मसीह की ठीक करने की शक्ति का सबूत है। मुझमें भगवान के आशीर्वाद के साथ ज़ुल्म नहीं हो सकता।

घोषणा 43 — "मेरा शरीर जीवन का मेज़बान है, बीमारी का नहीं"

इसमें लिखा है:

यूहन्ना 6:63 (NKJV)

"जो शब्द मैं तुमसे कहता हूँ वे आत्मा हैं, और वे जीवन हैं।"

इसमें लिखा है:

अय्यूब 33:4 (NKJV)

"परमेश्वर के आत्मा ने मुझे बनाया है,
और सर्वशक्तिमान की साँस मुझे जीवन देती है।"

घोषणा:

मैं यह तय करता हूँ कि मेरे शरीर में जीवन, ऑक्सीजन, हीलिंग और स्फूर्ति हो—बीमारी नहीं। भगवान की साँस मुझे ताकत से भर देती है। जीवन मेरे सेल्स में भर जाता है। भगवान की आत्मा मेरे अंगों में जान डाल देती है। मैं अंदर से बाहर तक सेहत बिखेरता हूँ।

घोषणा 44 — "मेरे स्वास्थ्य के खिलाफ़ सभी हमले तुरंत विफल हों"

इसमें लिखा है:

भजन संहिता 118:17

"मैं न मरूंगा, परन्तु जीवित रहूंगा,
और यहोवा के कामों का वर्णन करूंगा।"

इसमें लिखा है:

1 यूहन्ना 4:4 **(एनकेजेवी)**

"जो तुम में है वह उससे जो संसार में है, बड़ा है।"

घोषणा:

मैं यह तय करता हूँ कि मेरी सेहत पर हर हमला नाकाम हो। जो मुझमें रहता है, वह महान है। मैं ज़िंदा रहूँगा, मरूँगा नहीं। मेरे शरीर में किसी बीमारी, कमज़ोरी या खतरे को कानूनी मान्यता नहीं है। मेरी सेहत मेरे अंदर भगवान की महानता से सुरक्षित है।

घोषणा 45 — "मेरे शरीर की हर कोशिका मसीह के जीवन से पुनर्जीवित होती है"

इसमें लिखा है:

2 कुरिन्थियों 5:17 (NKJV)

"इसलिए, यदि कोई मसीह में है, तो वह एक नई सृष्टि है..."

इसमें लिखा है:

रोमियों 8:2 (NKJV)

"क्योंकि जीवन की आत्मा की व्यवस्था ने मसीह यीशु में मुझे पाप और मृत्यु की व्यवस्था से स्वतंत्र कर दिया है।"

घोषणा:

मैं अपने शरीर में नई जान डालने का हुक्म देता हूँ। पुरानी चीज़ें खत्म हो जाती हैं। ईसा मसीह में जीवन की आत्मा मेरे सेल्स में काम करने वाले नियमों को फिर से लिखती है। मेरे अंगों, मेरी स्किन, मेरे खून, मेरी हड्डियों और मेरे सिस्टम में नयापन बहता है। मैं अंदर से नया हो जाता हूँ।

घोषणा 46 — "मेरा स्वास्थ्य अभी और भविष्य परमेश्वर में सुरक्षित है"

इसमें लिखा है:
भजन 91:7 (NKJV)
"तेरे निकट हज़ार
और तेरे दाहिनी ओर दस हज़ार गिरेंगे; परन्तु वह तेरे पास न आएगा।"
इसमें लिखा है:
नीतिवचन 18:10 (NKJV)
"यहोवा का नाम दृढ़ गढ़ है;
धर्मी लोग उसकी ओर भागकर सुरक्षित रहते हैं।"

घोषणा:

मैं अपनी सेहत की सुरक्षा का हुक्म देता हूँ—अभी और भविष्य में भी। कोई भी बीमारी, महामारी, पर्यावरण का खतरा, या अनदेखा खतरा मेरे पास नहीं आएगा। मैं भगवान के नाम पर दौड़ता हूँ और मैं सुरक्षित हूँ। मेरी सेहत की किस्मत भगवान के किले में सुरक्षित है।

घोषणा 47 — "मेरा शरीर प्रभु की आवाज़ और मेरी आत्मा की आज्ञाओं का पालन करता है"

इसमें लिखा है:

अय्यूब 22:28 (NKJV)
"तुम एक बात कहोगे,
और वह तुम्हारे लिए स्थापित हो जाएगी..."

इसमें लिखा है:
रोमियों 4:17 **(एनकेजेवी)**
"... परमेश्वर... मरे हुओं को जीवन देता है और उन चीज़ों को जो मौजूद नहीं हैं, ऐसे बुलाता है मानो वे हैं।"

घोषणा:

मैं आदेश देता हूँ कि मेरा शरीर मेरे विश्वास से भरे ऐलानों पर जवाब दे। मेरे अंग मेरी बात मानते हैं। मेरे सिस्टम एक लाइन में आ जाते हैं। मेरी ताकत वापस आ जाती है। मैं उसे बुलाता हूँ जो अभी तक सामने नहीं आया है, और वह सामने आता है। मेरा शरीर भगवान के आदेश को मानता है।

घोषणा 48 — "मेरे शरीर का हर मृत या कमज़ोर हिस्सा पुनरुत्थान जीवन प्राप्त करता है"

इसमें लिखा है:
यहेजकेल 37:10 (एनकेजेवी)
"...उनमें श्वास आ गई, और वे जीवित हो गए, और अपने पैरों पर खड़े हो गए, एक बहुत बड़ी सेना।"

इसमें लिखा है:
होशे 6:2 (NKJV)
"दो दिन के बाद वह हमें जिलाएगा;
तीसरे दिन वह हमें खड़ा करेगा, ताकि हम उसकी नज़र में जी सकें।"

घोषणा:

मैं अपने शरीर के हर कमज़ोर या मरते हुए हिस्से में फिर से ज़िंदा होने का हुक्म देता हूँ। ताकत लौटती है। जान बढ़ती है। एनर्जी आती है। हर सोई हुई चीज़ जाग जाती है। हर सड़ती हुई चीज़ फिर से ज़िंदा हो जाती है। मैं भगवान की मौजूदगी में मज़बूती से खड़ा हूँ।

घोषणा 49 — "मेरा स्वास्थ्य परमेश्वर के वचन में स्थापित और निहित है"

इसमें लिखा है:

3 यूहन्ना 2 (NKJV)

"प्रिय, मैं प्रार्थना करता हूं कि जैसे तुम्हारी आत्मा समृद्ध है, वैसे ही तुम सभी चीजों में समृद्ध हो और स्वस्थ रहो।"

इसमें लिखा है:

भजन 112:7–8 (NKJV)

"वह बुरी ख़बर से नहीं डरेगा;
उसका दिल यहोवा पर भरोसा रखते हुए स्थिर है। उसका दिल स्थिर है..."

घोषणा:

मैं यह तय करता हूँ कि मेरी सेहत परमेश्वर के वचन में बनी रहे, उसमें जड़ें जमाए, स्थिर रहे और स्थिर रहे। मैं अंदर और बाहर दोनों तरह से खुशहाल हूँ। मेरी आत्मा खुशहाल है; इसलिए, मेरा शरीर खुशहाल है। मेरा दिल मज़बूत और आत्मविश्वासी है। मेरी सेहत पक्की है।

घोषणा 50 — "मैं पूरी तरह से 360° अलौकिक स्वास्थ्य में चलता हूँ"

इसमें लिखा है:
भजन 91:16 (NKJV)
"मैं उसको दीर्घायु से तृप्त करूंगा,
और अपना उद्धार दिखाऊंगा।"

इसमें लिखा है:
यशायाह 58:8 (NKJV)
"तब तुम्हारा प्रकाश सवेरे की तरह चमकेगा,
तुम शीघ्र ही चंगे हो जाओगे..."

घोषणा:

मैं तय करता हूँ कि मैं पूरी तरह से सेहतमंद रहूँ—आत्मा, मन और शरीर। मुझमें जल्दी ही ठीक होने की भावना आती है। मेरी सेहत सुबह की रोशनी की तरह चमकती है। लंबी उम्र मेरा वादा है। ताकत मेरी पहचान है। पूरी सेहत मेरी विरासत है। मैं अपनी ज़िंदगी के सभी दिन 360° दिव्य सेहत में जीता हूँ।

अंतिम दैनिक समापन प्रार्थना

पिता, मैं आपके वचन से 21 दिनों के बदलाव के लिए आपका धन्यवाद करता हूँ।
मैं आदेश देता हूँ कि हर पवित्र शास्त्र मेरे अंदर जीवन, सेहत और ताकत लाए। आपकी आत्मा मेरे शरीर को ताकत से भर देती है। आपका वचन मेरे हर हिस्से को ठीक करता है। आपकी मौजूदगी मुझे पूरी तरह से ठीक करती है। मैं दिव्य इम्यूनिटी, दिव्य ताकत, दिव्य तालमेल और दिव्य नएपन में चलता हूँ। सेहत तेज़ी से आए। ताकत बढ़े। सुधार बहे। मैं ठीक हो गया हूँ, मैं पूरा हूँ, और मैं हमेशा के लिए मसीह यीशु में ज़िंदा हूँ। आमीन।

निष्कर्ष

आपकी 21 दिन की यात्रा आपको धर्मग्रंथों के नएपन, भविष्यवाणी की घोषणा और ईश्वरीय तालमेल के एक शक्तिशाली चक्र से गुज़ार चुकी है। जैसे ही आपने अपनी आत्मा, रूह और शरीर पर परमेश्वर का वचन बोला, स्वर्ग ने जवाब दिया। हीलिंग एक्टिवेट हो गई है। ठीक होने की प्रक्रिया शुरू हो गई है। ताकत वापस आ गई है। आपके अंदर का माहौल बदल गया है। अब आप हीलिंग के लिए गुहार लगाने वाले की तरह खड़े नहीं हैं - अब आप ऐसे खड़े हैं जिसे यह *मिल गई है।*

यह याद रखें: परमेश्वर का वचन कभी बेकार नहीं जाता। आपके द्वारा कही गई हर आयत आपके आध्यात्मिक DNA में समा गई है। हर घोषणा ने आपकी अंदरूनी दुनिया को आकार दिया है। हर धर्मग्रंथ ने जीवन, शक्ति और इलाज उन जगहों पर पहुँचाया है जहाँ डॉक्टर नहीं देख सकते और दवा नहीं पहुँच सकती।
आपकी यात्रा यहीं खत्म नहीं होती।

इन 50 घोषणाओं को 21 दिन... 90 दिन... तक दोहराया जा सकता है या ये आपके रोज़ाना के आध्यात्मिक हेल्थ रूटीन का पक्का हिस्सा भी बन सकते हैं। जब तक आप वचन बोलते रहेंगे, वचन काम करता रहेगा।

आत्मविश्वास के साथ आगे बढ़ें—
अपनी ताकत से नहीं, बल्कि पवित्र आत्मा की मौजूदगी में जो आप में रहता है, आपको ताकत देता है और आपको संभालता है।

आप यह अनुभव करते रहें:

ऐसी चिकित्सा जो उलटती नहीं है ऐसी शक्ति जो कमजोर नहीं करती है ऐसी शांति जो फीकी नहीं पड़ती है ऐसी पूर्णता जो ढहती नहीं है आप ठीक हो गए हैं।

आप पूरे हो गए हैं। आप नए हो गए हैं। और आपकी दिव्य सेहत का सफ़र अभी शुरू ही हुआ है।

शालोम,

राजदूत मंडे ओ. ओगबे ; ज़ाकारियास गोडेगल ; कम्फर्ट लाडी ओगबे

गॉड्स ईगल मिनिस्ट्रीज़ (GEMs)

राष्ट्रों में परमेश्वर के वचन का बीजारोपण — बिना दीवारों, सीमाओं या संप्रदायों के चर्च

कार्यवाई के लिए बुलावा

फसल के लिए साझेदारी

जैसे ही आप इस किताब को खत्म करेंगे, हम आपको इस सफ़र को एक कदम और आगे ले जाने के लिए बुला रहे हैं—न सिर्फ़ अपनी ज़िंदगी में, बल्कि दुनिया भर में अनगिनत लोगों की ज़िंदगी में भी। अगर गॉड्स ईगल मिनिस्ट्रीज़ (GEM) के मैसेज ने आपके दिल को मज़बूत किया है, जगाया है, या फिर उसे ठीक किया है, तो हम आपसे विनम्रता से गुज़ारिश करते हैं कि **फसल के लिए हमारे साथ पार्टनरशिप करने के बारे में सोचें**। दुनिया सच्चाई, उम्मीद और पवित्र आत्मा की कोमल लेकिन साफ़ आवाज़ की भूखी है, और हम मिलकर इन मैसेज को वहाँ पहुँचा सकते हैं जहाँ इनकी सबसे ज़्यादा ज़रूरत है। हमारा मानना है कि मीडिया सिर्फ़ टेक्नोलॉजी से कहीं ज़्यादा है—यह एक **आध्यात्मिक जाल है** जो देशों, गांवों, शहरों और छिपी हुई जगहों तक फैला हुआ है। फ़िल्म, वीडियो, रेडियो और डिजिटल मिनिस्ट्री के ज़रिए, GEM उन लोगों तक पहुँच रहा है जो शायद कभी चर्च में न गए हों, लेकिन जिनके दिल जीवित मसीह से मिलने के लिए खुले हैं।

आपकी पार्टनरशिप से हमें मदद मिलती है:

1. स्पिरिट से भरी फिल्म और वीडियो कंटेंट बनाएं
ऐसी कहानियाँ और शिक्षाएँ जो यीशु के प्यार को साफ़, समझने लायक और ज़िंदगी बदलने वाले तरीकों से ठीक करती हैं, प्रेरित करती हैं और दिखाती हैं।

2. रेडियो पर सुसमाचार का प्रसारण करें
परमेश्वर के वचन को जेलों, अस्पतालों, ग्रामीण इलाकों और इंटरनेट की पहुंच से बहुत दूर जगहों तक पहुंचाना—जहां उम्मीद कम है और सच्चाई कीमती है।

3. हमारे सोशल मीडिया टीचिंग और डिसिप्लिनशिप कैंपेन को बढ़ाएं
रोज़ाना भक्ति, प्रार्थना और शिक्षाएँ जो विश्वासियों को मज़बूत करती हैं, परिवारों को ठीक करती हैं, और दुनिया भर में शिष्यों को तैयार करती हैं।

आपका सपोर्ट क्यों ज़रूरी है

हर संदेश रोशनी का बीज बन जाता है।
हर शिक्षा बदलाव की लहर बन जाती है। उदारता का हर काम भगवान की दुनिया भर में होने वाली फसल का हिस्सा बन जाता है।
आपका दान इस सेवा को उन आत्माओं तक पहुँचने में मदद करता है जिनसे हम शायद धरती पर कभी न मिलें, लेकिन हमेशा ज़रूर मिलेंगे।
कोई तय रकम नहीं है—सिर्फ़ वैसे ही दें जैसा प्रभु आपको बताते हैं।
हर दान, चाहे बड़ा हो या छोटा, किंगडम को आगे बढ़ाने में एक भूमिका निभाता है।

साझेदारी करना या देना:
पेपैल:
https://www.paypal.com/ncp/payment/D6NEFW56KG8LU

Tithe.ly:
https://tithe.ly/give?c=308311

फ़्लटरवेव – https://flutterwave.com/d o
nate/bbkpkokehxlw

देने के सभी तरीके:
https://www.otakada.org/partnership-giving
हमारे साथ खड़े रहने के लिए धन्यवाद।
फसल बोने के लिए धन्यवाद। मसीह का संदेश देशों तक पहुँचाने में हमारी मदद करने के लिए धन्यवाद।
प्रभु आपको भरपूर आशीर्वाद दें, आपको भरपूर बढ़ाएं, और उनकी महिमा के लिए आपके बोए गए हर बीज को कई गुना बढ़ाएं।
यीशु के शक्तिशाली नाम में, आमीन।

—एम्बेसडर मंडे ओ. ओगबे , ज़ाकारियास गॉडसीगल ; कम्फर्ट लाडी ओगबे
संस्थापक, गॉड्स ईगल मिनिस्ट्रीज़ (GEM)
www.otakada.org

दोबारा जन्म कैसे लें और मसीह के साथ नया जीवन कैसे शुरू करें

हो सकता है कि आप पहले भी जीसस के साथ चले हों, या हो सकता है कि आप इन 40 दिनों में उनसे मिले हों। लेकिन अभी, आपके अंदर कुछ हलचल हो रही है।

आप धर्म से ज़्यादा के लिए तैयार हैं।

आप **रिश्ते के लिए तैयार हैं** ।

आप यह कहने के लिए तैयार हैं, "यीशु, मुझे आपकी ज़रूरत है।"

सच तो यह है:

"क्योंकि सबने पाप किया है; हम सब परमेश्वर के महिमामय मानक से कम हैं... फिर भी परमेश्वर, अपनी कृपा से, हमें अपनी दृष्टि में स्वतंत्र रूप से धर्मी ठहराता है।"

— रोमियों 3:23–24 (NLT)

आप मुक्ति नहीं पा सकते।

आप खुद को ठीक नहीं कर सकते। लेकिन यीशु ने पहले ही पूरी कीमत चुका दी है — और वह आपका घर में स्वागत करने का इंतज़ार कर रहे हैं।

दोबारा जन्म कैसे लें

दोबारा जन्म लेने का मतलब है अपना जीवन यीशु को सौंप देना — उनकी माफ़ी को स्वीकार करना, यह मानना कि वह मरे और फिर जी उठे, और उन्हें अपना प्रभु और उद्धारकर्ता मानना।

यह आसान है। यह शक्तिशाली है। यह सब कुछ बदल देता है।

ज़ोर से प्रार्थना करें:

"प्रभु यीशु, मेरा मानना है कि आप परमेश्वर के पुत्र हैं।

मेरा मानना है कि आप मेरे पापों के लिए मरे और फिर से जी उठे।

मैं मानता हूँ कि मैंने पाप किया है और मुझे आपकी माफ़ी चाहिए। आज, मैं पश्चाताप करता हूँ और अपने पुराने तरीकों से मुड़ता हूँ। मैं आपको अपने जीवन में अपने प्रभु और उद्धारकर्ता बनने के लिए आमंत्रित करता हूँ। मुझे साफ़ करें। मुझे अपनी आत्मा से भरें। मैं घोषणा करता हूँ कि मैं फिर से जन्मा हूँ, माफ़ किया गया हूँ, और आज़ाद हूँ। आज से, मैं आपका अनुसरण करूँगा — और मैं आपके कदमों पर जीऊँगा। मुझे बचाने के लिए धन्यवाद। यीशु के नाम में, आमीन।"

मोक्ष के बाद अगले कदम

1. **किसी को बताएं** – अपना फ़ैसला किसी ऐसे विश्वासी के साथ शेयर करें जिस पर आपको भरोसा हो।
2. **बाइबल पर आधारित चर्च खोजें** – ऐसे समुदाय से जुड़ें जो परमेश्वर के वचन को सिखाता है और उसे जीता है। https://www.otakada.org या https://chat.whatsapp.com/H67spSun32DDTma8TLh0ov के ज़रिए ऑनलाइन God's Eagle मिनिस्ट्रीज़ पर जाएँ।
3. **बपतिस्मा लें** – अपने विश्वास को सबके सामने बताने के लिए अगला कदम उठाएँ।
4. **रोज़ाना बाइबल पढ़ें** – जॉन के गॉस्पेल से शुरू करें।
5. **हर दिन प्रार्थना करें** – परमेश्वर से एक दोस्त और पिता के रूप में बात करें।
6. **जुड़े रहें** – अपने आस-पास ऐसे लोगों को रखें जो आपके नए काम को बढ़ावा दें।
7. **समुदाय में शिष्य बनाने की प्रक्रिया शुरू करें** – इन लिंक के ज़रिए यीशु मसीह के साथ एक-एक करके रिश्ता बनाएँ

40-दिन का शिष्यत्व 1 - https://www.otakada.org/get-free-40-days-online-discipleship-course-in-a-journey-with-jesus/

40 शिष्यत्व 2 - https://www.otakada.org/get-free-40-days-dna-of-discipleship-journey-with-jesus-series-2/

मेरा उद्धार का क्षण

तारीख : ______________________________

हस्ताक्षर : __________________________

"अगर कोई मसीह में है, तो वह एक नई सृष्टि है; पुराना बीत गया है, नया आ गया है!"

— 2 कुरिन्थियों 5:17

मसीह में नए जीवन का प्रमाण पत्र

मुक्ति की घोषणा– अनुग्रह से नया जन्म

यह प्रमाणित करता है कि

____

(पूरा नाम)

उसने सबके सामने **यीशु मसीह में**

प्रभु और उद्धारकर्ता के रूप में विश्वास जताया है और उसकी मृत्यु और पुनरुत्थान के ज़रिए मुक्ति का मुफ़्त तोहफ़ा पाया है।

"अगर तुम खुले तौर पर यह ऐलान करो कि यीशु प्रभु है और अपने दिल में यकीन करो कि परमेश्वर ने उसे मरे हुओं में से ज़िंदा किया है, तो तुम बच जाओगे।"

— रोमियों 10:9 (NLT)

इस दिन स्वर्ग खुश होता है और एक नई यात्रा शुरू होती है।

निर्णय की तिथि : ______________________________

हस्ताक्षर : _______________________________________

मुक्ति घोषणा

"आज, मैं अपना जीवन जीसस क्राइस्ट को सौंपता हूँ।

मेरा मानना है कि वह मेरे पापों के लिए मरे और फिर से जी उठे। मैं उन्हें अपने प्रभु और उद्धारकर्ता के रूप में स्वीकार करता हूँ। मुझे माफ़ कर दिया गया है, मेरा फिर से जन्म हुआ है, और मैं नया बन गया हूँ। इस पल से, मैं उनके नक्शेकदम पर चलूँगा।"

वेलकम टू द फैमिली ऑफ गॉड!

आपका नाम मेमने की जीवन की किताब में लिखा है।

आपकी कहानी अभी शुरू हुई है — और यह हमेशा रहने वाली है।

गॉड्स ईगल मिनिस्ट्रीज़ से जुड़ें

- वेबसाइट: www.otakada.org
- वेल्थ बियॉन्ड वरी सीरीज़: www.wealthbeyondworryseries.com
- ईमेल: ambassador@otakada.org

- **इस काम में मदद करें:**

कवनेंट के तहत दान देकर किंगडम प्रोजेक्ट्स, मिशन और फ्री ग्लोबल रिसोर्स को सपोर्ट करें।

देने के लिए QR कोड स्कैन करें

https://tithe.ly/give?c=308311

आपकी दरियादिली से हमें ज़्यादा लोगों तक पहुँचने, रिसोर्स ट्रांसलेट करने, मिशनरियों को सपोर्ट करने और दुनिया भर में डिसाइपलशिप सिस्टम बनाने में मदद मिलती है। धन्यवाद!

लेखक का बायो

ज़ाकारियास गॉडसीगल

लेखक • शिक्षक • दूरदर्शी नेता
ज़ाकारियास गॉडसीगल वचन के एक जोशीले टीचर और मसीह के शरीर के लिए एक समझदार आवाज़ हैं। आध्यात्मिक समझ के लिए एक अनोखी कृपा लेकर, ज़ाकारियास साफ़-साफ़, भविष्यवाणी की गहराई और विश्वासियों को पवित्रता, ईश्वरीय भक्ति और मसीह के प्रति सच्चे समर्पण के साथ चलते हुए देखने की दिल से जलने वाली इच्छा के साथ सेवा करते हैं।

गॉड्स ईगल मिनिस्ट्रीज़ (GEM) के काम में एक साथी के तौर पर, वह डिसाइपलशिप कंटेंट, धर्मग्रंथों की रोशनी, और मीडिया-बेस्ड आउटरीच को आकार देने में अहम भूमिका निभाते हैं, जो डिजिटल और फिजिकल सीमाओं के पार लोगों के जीवन को छूता है। उनकी रचनाएँ अंदरूनी बदलाव, आज्ञाकारिता, और विश्वासी के दिल के सिंहासन पर मसीह की वापसी पर फोकस करती हैं।

ज़ाकारियास एक सीधी सी सोच से चलते हैं: **जब दिल एक साथ होता है, तो किस्मत भी एक साथ होती है।**

वह टीचिंग, मेंटरशिप और स्पिरिट से भरे क्रिएटिव प्रोजेक्ट्स के ज़रिए दुनिया भर के दर्शकों तक पहुँचते रहते हैं।

राजदूत मंडे ओ. ओगबे

लेखक • मिशनरी कम्युनिकेटर • संस्थापक, गॉड्स ईगल मिनिस्ट्रीज़ (GEM)

राजदूत सोमवार ओरियोजो ओग्वुओजो ओगबे **गॉड्स ईगल मिनिस्ट्रीज़** (GEM) के फाउंडर हैं — यह एक ग्लोबल मिशन है जिसका मकसद है "लोगों को उनके वचन के ज़रिए भगवान से जोड़ना।" सच्चाई, इमोशनल कहानी कहने और भविष्यवाणी सिखाने के अपने गहरे जुनून के लिए जाने जाने वाले, वे लिखने, पॉडकास्टिंग, फिल्म बनाने, डिजिटल प्रचार और शिष्य बनाने के ज़रिए अलग-अलग देशों में सेवा करते हैं।

लीडरशिप, मीडिया और मिशन में बैकग्राउंड के साथ, एम्बेसडर मंडे के पास एक क्रॉस-कल्चरल अभिषेक है जो अफ्रीका से लेकर एशिया, अमेरिका, यूरोप और मिडिल ईस्ट तक गूंजता है। उनकी शिक्षाएँ विश्वास करने वालों के दिल की छिपी लड़ाइयों का सामना करती हैं—लालच, पहचान की लड़ाई, आध्यात्मिक संतुष्टि, और भगवान के साथ करीबी का धीरे-धीरे खत्म होना।

वह कई भक्ति गीतों, बुक सीरीज़ और मल्टीमीडिया टीचिंग के लेखक हैं, जो otakada.org और GEM के डिजिटल प्लेटफॉर्म के ज़रिए लाखों लोगों तक पहुँचते हैं।

उनका जीवन संदेश आसान लेकिन गहरा है:

"जब क्राइस्ट सेंटर में बैठते हैं, तो बाकी सब कुछ अपनी सही जगह ले लेता है।"

कम्फर्ट लाडी ओगबे

लेखक • मध्यस्थ • सेवकाई में सह-श्रमिक

कम्फर्ट लाडी ओगबे गॉड्स ईगल मिनिस्ट्रीज़ के किंगडम असाइनमेंट में एक राइटर, इंटरसेसर और साथ काम करने वाली हैं। दया, समझदारी और दूसरों का ख्याल रखने वाली भावना से भरपूर, वह जिस भी प्रोजेक्ट को छूती हैं, उसमें इमोशनल गहराई और स्पिरिचुअल ग्राउंडिंग लाती हैं।

उनके योगदान में—अक्सर पर्दे के पीछे—विनम्रता, समझदारी और ठीक होने की खुशबू होती है। वे काउंसलिंग, प्रार्थना, शिष्य बनाने और क्रिएटिव सहयोग से आराम देती हैं, खासकर उन कामों में जो परिवार को फिर से बसाने, आध्यात्मिक रूप से समझदार होने और दिल बदलने पर ज़ोर देते हैं।

एक लेखक के तौर पर, वह अपने अनुभव और आध्यात्मिक विश्वास के आधार पर लिखती हैं, और पढ़ने वालों को मसीह में पूरी तरह से जीने के लिए साफ़ समझ, आराम और हिम्मत देती हैं।

कम्फर्ट विश्वासियों को न केवल ज्ञान में, बल्कि दैनिक जीवन में भी परमेश्वर का अनुभव करने में मदद करने के लिए प्रतिबद्ध है - जहाँ हृदय विश्वास करना, समर्पण करना और फलना-फूलना सीखता है।

लेखक पेज:
https://www.amazon.com/stores/Zacharias-Godseagle/author/B0FCZ89D4K

अनुशंसित पुस्तकें और संसाधन

हृदय का सिंहासन – 12 लड़ाइयाँ जो हमें जीतनी ही होंगी

Amazon ebook -
https://www.amazon.com/THRONE-HEART-COVETOUSNESS-Counterfeit-CONTENTMENT-ebook/dp/B0G4SPFRY7

Amazon पेपरबैक -
https://www.amazon.com/THRONE-HEART-COVETOUSNESS-Counterfeit-CONTENTMENT/dp/B0G4TKW1ND

Ingramspark से पेपरबैक -
https://shop.ingramspark.com/b/084?params=a75LJXt
vvI63VnzeQPleQTkAJWfu8CPQV6l5Oe31D80

ज़ाकारियास गॉडसीगल के 4 इन 1 उपदेश ऑडियो लिंक के साथ –

Amazon Ebook लिंक - https://www.amazon.com/Sermons-Zacharias-Godseagle-Audio-links-ebook/dp/B0G4XCH4TW

Amazon पेपरबैक - https://www.amazon.com/Sermons-Zacharias-Godseagle-Audio-links/dp/B0G4TK4XGT

पेपरबैक इनग्राम स्पार्क लिंक - https://shop.ingramspark.com/b/084?params=nK2JERskkbhdAOSNseTUNRhaCFqUPZuhB4uYfqrXvGb

PILGRIM CODE: AI Awakening

ईबुक - https://www.amazon.com/Logos-Protocol-Awakening-artificial-intelligence-ebook/dp/B0FXNQFSWZ

पेपरबैक - https://www.amazon.com/Logos-Protocol-Awakening-artificial-intelligence/dp/B0FXNGR66D

हार्डबैक - https://www.amazon.com/Logos-Protocol-Awakening-artificial-intelligence/dp/B0FZNTQR6Y

पेपरबैक इनग्रामस्पार्क -
https://shop.ingramspark.com/b/084?params=QkK4aNYTYO9U5z9uOkdHgc7Ue1eGDLqbb1tz9WRPaSk

मुक्ति क्यों विफल होती है - और परमेश्वर की अग्नि आत्मा को कैसे पुनर्स्थापित करती है: सर्वांगीण मुक्ति के लिए 40 दैनिक घोषणाएँ

ईबुक - https://www.amazon.com/Why-Deliverance-Fails-Declarations-All-Round-ebook/dp/B0FW74L4G4

पेपरबैक - https://www.amazon.com/Why-Deliverance-Fails-Declarations-All-Round/dp/B0FWB3LXRM

बचाया गया लेकिन खोया हुआ – शिष्यहीन धर्मांतरित – 25 भाषाओं में अनुवादित

किताबचा

https://shop.ingramspark.com/b/084?params=iYNB6S3PLMfREpm0jMM15bMe3BvWlkjcYyLYnHVGAds

ईबुक - https://www.amazon.com/SAVED-BUT-LOST-UNDISCIPLED-heartbreak-ebook/dp/B0FVJ29DF7

आध्यात्मिक युद्ध और रिकवरी के 7 दिन - यह पार्ट 1 है

दुश्मन को बांधना, तीरों को सात गुना करके वापस करना, और अपनी किस्मत को फिर से बनाना

https://shop.ingramspark.com/b/084?params=8mPzq
Ul73Ex7uPyeO7ydyt8EGkkB6u2gX1jZvWU8j1C

ई-बुक लिंक - https://www.amazon.com/DAYS-SPIRITUAL-WARFARE-RECOVERY-Returning-ebook/dp/B0FMPJM5KZ

7 दिन का आध्यात्मिक युद्ध और रिकवरी - पार्ट 2 - जीत पक्की करना, घर की बुराई तोड़ना, और अपनी वापस मिली किस्मत को बचाना

पेपरबैक - https://shop.ingramspark.com/b/084?params=LkpNmGSsApHhWhiSO7bW3wFmcXQKIO4ZEBeSbP5rL1S

ईबुक - https://www.amazon.com/DAYS-SPIRITUAL-WARFARE-RECOVERY-Wickedness-ebook/dp/B0FR9YCMY8

अंधेरे से राज तक: अंधेरे की छिपी पकड़ से आज़ाद होने के लिए 40 दिन

–

जागरूकता, मुक्ति और शक्ति की एक ग्लोबल भक्ति - आज़ाद होने के लिए तैयार लोगों, परिवारों और देशों के लिए

किताबचा

https://shop.ingramspark.com/b/084?params=aVgp21QfwJxNANkfMxIQ0yejuFCVY12KFr978SRkZUD

अमेज़न लिंक - https://www.amazon.com/DARKNESS-DOMINION-Devotional-Awareness-Deliverance-ebook/dp/B0FLDH2Y67

- ***डिलिवर्ड फ्रॉम द पावर ऑफ़ डार्कनेस* (पेपरबैक)** — यहाँ से खरीदें | Amazon पर ईबुक

  - **यूनाइटेड स्टेट्स से टॉप रिव्यू:**
    - **किंडल कस्टमर** : "अब तक की सबसे अच्छी क्रिश्चियन किताब!" (5 स्टार)

हर किसी को यह किताब पढ़ने की सलाह दूँगा ... क्योंकि पाप की मज़दूरी मौत है, लेकिन परमेश्वर का तोहफ़ा हमेशा की ज़िंदगी है। शालोम! शालोम!

    - **डा गस्टर** : "यह एक बहुत ही दिलचस्प और अजीब किताब है।" (5 स्टार)

अगर किताब में कही गई बातें सच हैं, तो हम सच में दुश्मन की काबिलियत से बहुत पीछे हैं! ... जो कोई भी स्पिरिचुअल लड़ाई के बारे में सीखना चाहता है, उसके लिए यह ज़रूरी है।

    - **वीज़ा** : "मुझे यह किताब बहुत पसंद आई" (5 स्टार)

यह आंखें खोलने वाला है... एक सच्चा कबूलनामा... हाल ही में मैं इसे खरीदने के लिए हर जगह ढूंढ रहा था। Amazon से इसे पाकर बहुत खुश हूं।

- **FrankJM** : "काफी अलग" (4 स्टार)

यह किताब मुझे याद दिलाती है कि असली आध्यात्मिक लड़ाई कितनी होती है। यह "परमेश्वर के पूरे कवच" को पहनने की वजह भी याद दिलाती है।

- **जेनजेन** : "जो कोई भी स्वर्ग जाना चाहता है - इसे पढ़ें!" (5 स्टार)

इस किताब ने मेरी ज़िंदगी बहुत बदल दी। जॉन रामिरेज़ की गवाही के साथ, यह आपको अपने विश्वास को अलग नज़रिए से देखने पर मजबूर कर देगी। मैंने इसे 6 बार पढ़ा है!

- *एक्स-सैटनिस्ट: द जेम्स एक्सचेंज* (पेपरबैक) — यहाँ से खरीदें | Amazon पर ईबुक

- ***एक अफ़्रीकी भूतपूर्व शैतानवादी की गवाही*** - *पादरी जोनास लुकुंटू मपाला* (पेपरबैक) — यहाँ से खरीदें | Amazon पर ईबुक

- *ग्रेटर एक्सप्लॉइट्स 14* (पेपरबैक) — यहाँ से खरीदें | Amazon पर ईबुक

- जॉन रामिरेज़ की *किताब आउट ऑफ़ द डेविल्स कॉल्ड्रॉन* — Amazon पर उपलब्ध है
- रेबेका ब्राउन की किताब ' *ही केम टू सेट द कैप्टिव्स फ्री'* — Amazon पर खोजें

लेखक की पब्लिश की हुई दूसरी किताबें – 1000 से ज़्यादा टाइटल

प्यार किया, चुना और पूरा : रिजेक्शन से ठीक होने तक का 30 दिन का सफ़र, दुनिया की 40 भाषाओं में ट्रांसलेट किया गया
https://www.amazon.com/Loved-Chosen-Whole-Rejection-Restoration-ebook/dp/B0F9VSD8WL

https://shop.ingramspark.com/b/084?params=xga0WR16muFUwCoeMUBHQ6HwYjddLGpugQHb3DVa5hE

उनके कदमों में — 40-दिन का WWJD चैलेंज:
दुनिया भर में असल ज़िंदगी की कहानियों में यीशु की तरह जीना
https://www.amazon.com/His-Steps-Challenge-Real-Life-Stories-ebook/dp/B0FCYTL5MG

https://shop.ingramspark.com/b/084?params=DuNTWS59IbkvSKtGFbCbEFdv3Zg0FaITUEvlK49yLzB

यीशु द्वार पर:

40 दिल दहला देने वाली कहानियाँ और आज के चर्चों के लिए स्वर्ग की आखिरी चेतावनी

https://www.amazon.com/dp/B0FDX31L9F

https://shop.ingramspark.com/b/084?params=TpdA5j8WPvw83glJ12N1B3nf8LQte2a1lIEy32bHcGg

वाचा का जीवन: व्यवस्थाविवरण 28 के आशीर्वाद में 40 दिन चलना

- https://www.amazon.com/dp/B0FFJCLDB5

वास्तविक लोगों की कहानियाँ, वास्तविक आज्ञाकारिता और वास्तविक

https://shop.ingramspark.com/b/084?params=bH3pzfz1zdCOLpbs7tZYJNYgGcYfU32VMz3J3a4e2Qt

20 से ज़्यादा भाषाओं में बदलाव

उसे जानना और उसे जानना:
ठीक होने, समझने और हमेशा रहने वाले प्यार के लिए 40 दिन

https://www.amazon.com/KNOWING-HER-HIM-Healing-Understanding-ebook/dp/B0FGC4V3D9

https://shop.ingramspark.com/b/084?params=vC6KCLoI7Nnum24BVmBtSme9i6k59p3oynaZOY4B9Rd

पूरा करें, मुकाबला नहीं:
उद्देश्य, एकता और सहयोग की 40-दिवसीय यात्रा

https://shop.ingramspark.com/b/084?params=5E4v1tHgeTqOOuEtfTYUzZDzLyXLee30cqYo0Ov9941

https://www.amazon.com/COMPLETE-NOT-COMPETE-Journey-Collaboration-ebook/dp/B0FGGL1XSQ/

डिवाइन हेल्थ कोड - भगवान के वचन और क्रिएशन के ज़रिए हीलिंग को एक्टिवेट करने के लिए 40 डेली कीज़ पौधों, प्रार्थना और भविष्यवाणी की हीलिंग पावर को अनलॉक करें

https://shop.ingramspark.com/b/084?params=xkZMrYcEHnrJDhe1wuHHYixZDViiArCeJ6PbNMTbTux

https://www.amazon.com/dp/B0FHJT42TK

https://www.amazon.com/stores/Ambassador-Monday-O.-Ogbe/author/B07MSBPFNX **पर मिल सकती हैं**

www.ingramcontent.com/pod-product-compliance
Lightning Source LLC
LaVergne TN
LVHW040441051026
849517LV00002B/706
9798295460999